CONTEÚDO DIGITAL PARA ALUNOS

Cadastre-se e transforme seus estudos em uma experiência única de aprendizado:

1 Escaneie o QR Code para acessar a página de cadastro.

2 Complete-a com seus dados pessoais e as informações de sua escola.

3 Adicione ao cadastro o código do aluno, que garante a exclusividade de acesso.

1202981A2481615

Agora, acesse:
www.editoradobrasil.com.br/leb
e aprenda de forma inovadora e diferente! :D

Lembre-se de que esse código, pessoal e intransferível, é válido por um ano. Guarde-o com cuidado, pois é a única maneira de você utilizar os conteúdos da plataforma.

Adilson Longen

- Licenciado em Matemática pela Universidade Federal do Paraná (UFPR)
- Mestre em Educação com linha de pesquisa em Educação Matemática pela UFPR
- Doutor em Educação com linha de pesquisa em Educação Matemática pela UFPR
- Professor do Ensino Fundamental e do Ensino Médio

4º ANO
Ensino Fundamental
Anos Iniciais

MATEMÁTICA

Palavra de origem africana que significa "contador de histórias, aquele que guarda e transmite a memória do seu povo".

São Paulo, 2019
4ª edição

Dados Internacionais de Catalogação na Publicação (CIP)
(Câmara Brasileira do Livro, SP, Brasil)

Longen, Adilson
 Akpalô matemática, 4º ano / Adilson Longen. – 4. ed.
– São Paulo: Editora do Brasil, 2019. – (Coleção akpalô)

 ISBN 978-85-10-07533-6 (aluno)
 ISBN 978-85-10-07534-3 (professor)

 1. Matemática (Ensino fundamental) I. Título. II. Série.

19-26587 CDD-372.7

Índices para catálogo sistemático:
1. Matemática: Ensino fundamental 372.7
Maria Alice Ferreira - Bibliotecária - CRB-8/7964

4ª edição / 1ª impressão, 2019
Impresso na AR Fernandez Gráfica

Rua Conselheiro Nébias, 887
São Paulo, SP – CEP 01203-001
Fone: +55 11 3226-0211
www.editoradobrasil.com.br

© Editora do Brasil S.A., 2019
Todos os direitos reservados

Direção-geral: Vicente Tortamano Avanso

Direção editorial: Felipe Ramos Poletti
Gerência editorial: Erika Caldin
Supervisão de arte e editoração: Cida Alves
Supervisão de revisão: Dora Helena Feres
Supervisão de iconografia: Léo Burgos
Supervisão de digital: Ethel Shuña Queiroz
Supervisão de controle de processos editoriais: Roseli Said
Supervisão de direitos autorais: Marilisa Bertolone Mendes

Supervisão editorial: Rodrigo Pessota
Coordenação pedagógica: Josiane Sanson
Consultoria técnica: Eduardo Wagner
Edição: Andriele de Carvalho Landim
Assistência editorial: Cristina Perfetti e Viviane Ribeiro
Copidesque: Gisélia Costa, Ricardo Liberal e Sylmara Beletti
Revisão: Alexandra Resende, Andreia Andrade, Elaine Silva e Martin Gonçalves
Pesquisa iconográfica: Elena Molinari e Tamiris Marcelino
Assistência de arte: Letícia Santos
Design gráfico: Estúdio Sintonia e Patrícia Lino
Capa: Megalo Design
Imagens de capa: asiseeit/iStockphoto.com, Kali9/iStockphoto.com e Wavebreakmedia/Shutterstock.com
Ilustrações: Bianca Pinheiro, Cibele Santos, Claudinei Fernandes, Daniel Klein, Danielle Joanes, Danilo Dourado, Eduardo Belmiro, Eduardo Westin/Estúdio Epox, Estúdio Udes, Hélio Senatore, Ilustra Cartoon, Luana Costa, Luiz Lentini, Marcos de Mello, Mário Pita, Reinaldo Vignati, Ribeiro, Ronaldo Barata e Weberson Santiago (abertura de unidade)
Produção cartográfica: Alessandro Passos da Costa, DAE (Departamento de Arte e Editoração), Sônia Vaz e Studio Caparroz
Coordenação de editoração eletrônica: Abdonildo José de Lima Santos
Editoração eletrônica: Adriana Tami, Armando F. Tomiyoshi, Elbert Stein, Gilvan Alves da Silva, José Anderson Campos, Sérgio Rocha, Talita Lima, Viviane Yonamine, William Takamoto e Wlamir Miasiro
Licenciamentos de textos: Cinthya Utiyama, Jennifer Xavier, Paula Harue Tozaki e Renata Garbellini
Controle de processos editoriais: Bruna Alves, Carlos Nunes, Rafael Machado e Stephanie Paparella

Querido aluno,

Apresento a você um caminho diferente para aprender Matemática.

Este livro é um dos instrumentos que o ajudarão durante este ano a trilhar esse caminho.

Você encontrará aqui diversas atividades, momentos diferentes e interessantes, curiosidades e até aqueles desafios que lhe permitirão desenvolver-se com autonomia.

Esperamos que vivencie ativamente cada uma dessas páginas e, no final do ano, possa concluir que não só aprendeu como também fez Matemática.

Boa jornada!
O autor

Sumário

UNIDADE 1
Adição e subtração..................... 6

Utilizando os números.................... 8
Os números naturais...................... 9
Adição e subtração com números naturais... 15
Sequências numéricas: números cada vez maiores........................ 21
Ordens e classes........................... 28
Cálculos aproximados.................... 35
Adição: procedimentos.................. 37
Subtração: procedimentos 44
Outras situações com subtração ... 48
  ➢ Matemática em ação 52

➢ Revendo o que aprendi 54

➢ Para ir mais longe 59

UNIDADE 2
Frações..60

Utilizando frações......................... 62
A ideia inicial de fração 63
Comparação de frações............... 69
  ➢ Como eu vejo: O trabalho voluntário.... 76
  ➢ Como eu transformo 78
Frações de quantidades............... 79
Noções: adição e subtração de frações 86

➢ Revendo o que aprendi 92

UNIDADE 3
Números decimais 98

Utilizando números com vírgula................. 100
Fração decimal e número decimal 101
Décimos, centésimos e milésimos................ 105
Sistema de numeração decimal 111
Noções: adição e subtração com números decimais 116
> #Digital 122

› Revendo o que aprendi 124
› Para ir mais longe 129

UNIDADE 4
Grandezas e medidas 130

Efetuando medidas................................ 132
Medidas de comprimento 133
Medidas de superfície............................. 139
Medidas de tempo................................. 146
Medidas de capacidade e medidas de massa 150
Noção de medida de ângulo reto 155
> Matemática em ação 158

› Revendo o que aprendi 160

UNIDADE 5
Geometria 168

Observando objetos 170
Figuras geométricas espaciais..................... 171
Figuras geométricas planas........................ 178
Figuras geométricas planas: polígonos 183
> #Digital 190
Deslocamentos e vistas de objetos.............. 192

› Revendo o que aprendi 200
› Para ir mais longe 203

UNIDADE 6
Multiplicação 204

A ideia de proporcionalidade...................... 206
Multiplicação com números naturais 207
Tabuadas da multiplicação 212
Multiplicação: procedimentos..................... 217
Multiplicação: fatores com mais de um algarismo 221

› Revendo o que aprendi 228

UNIDADE 7
Divisão 232

Utilizando a divisão 234
Divisão com números naturais..................... 235
Divisão e multiplicação............................ 240
Divisão: procedimentos 243
Divisão por números com dois algarismos 250

› Revendo o que aprendi 256

UNIDADE 8
Noções de estatística e probabilidade 262

Contando o número de possibilidades........ 264
A ideia de probabilidade 265
Informações em tabelas e gráficos 270
Pesquise e organize informações 275
> Como eu vejo: A cordialidade 278
> Como eu transformo 280
Mãos na massa.................................... 281

› Revendo o que aprendi 282

+ Atividades 286
Referências 310
Encartes 311

UNIDADE 1

Adição e subtração

COM BASE NESSES EXEMPLOS, VOCÊ CONSEGUE DESCOBRIR QUANTO É 7*3, FILHA?

A mãe de Patrícia lhe propôs um desafio em que o asterisco entre os números efetua algumas operações.

▸ Patrícia olhou os três exemplos, pensou um pouco e chegou à resposta. Descubra você também o resultado de 7 * 3.

8 * 2 = 16 106
5 * 4 = 2 091
9 * 6 = 54 153

Utilizando os números

Você utiliza números todos os dias. Até que número consegue contar e escrever?

Eles são usados em várias situações, não apenas para contar. Para saber como podemos empregá-los, observe as imagens a seguir.

- Explique oralmente como os números "aparecem" em cada uma das quatro situações ilustradas acima.
- Pesquise em revistas e jornais exemplos da utilização dos números indicados nos quadros a seguir. Recorte-os e cole-os no caderno.

Números que indiquem ordem.	Números que indiquem medidas.
Números que indiquem contagem.	Números que indiquem código.

Os números naturais

Para conhecer um pouco melhor a origem dos números, leia o texto a seguir.

O processo de contar começou a ser desenvolvido pelo ser humano muito antes da escrita ou da formação das primeiras civilizações. Esse processo é o ponto de partida para o estudo da História da Matemática.

Ideias de pouco e muito, de pequeno e grande são habilidades naturais do ser humano que tiveram de ser ampliadas para acompanhar a mudança de uma vida primitiva (cavernas), para uma vida em sociedade.

Os novos desafios como o cultivo de terras, a criação de animais e o surgimento do comércio passaram a ser enfrentados e perguntas buscando entender as sucessões dos dias e das noites, como saber qual é a melhor época para o plantio e para a colheita, foram motivadoras para o desenvolvimento do pensamento numérico segundo alguns historiadores.

A comparação entre conjuntos de objetos, utilizando a relação um a um, foi o grande passo. A relação entre as ovelhas e os dedos, por exemplo, permitiu ao pastor mensurar o tamanho de seu rebanho. Naturalmente, conforme o tamanho do rebanho aumentava, outros materiais foram necessários para essa contagem, como pedrinhas ou marcas em gravetos.

Com a evolução das relações humanas, aumento populacional, novas ideias de contagem apareceram, desenvolveram-se os símbolos e, então, o número.

Fonte: Rogério Santos Mol. *Introdução à história da Matemática*. Belo Horizonte: Caed-UFMG, 2013.

Com base na leitura desse texto, responda em seu caderno.

◆ Retire do texto um trecho que indica como teria surgido a ideia de contar os dias.
◆ Explique como podemos relacionar pedrinhas com ovelhas.

Vamos organizar algumas ideias sobre os números naturais e o sistema que utilizamos!

◆ Inicialmente temos os números que escrevemos quando estamos fazendo contagens:

1, 2, 3, 4, 5, 6, 7, 8, 9, 10, 11, 12, 13, ...

Observações sobre os números naturais:

> ◆ o zero surgiu mais tarde para indicar a ausência de quantidade;
> ◆ as reticências (os três pontinhos) indicam que a sequência continua.

Assim, consideramos **números naturais**:

0, 1, 2, 3, 4, 5, 6, 7, 8, 9, 10, 11, 12, 13, ...

◆ Para escrever os números naturais, utilizamos dez símbolos, que são chamados de **algarismos**:

0, 1, 2, 3, 4, 5, 6, 7, 8 e 9

◆ Quando escrevemos um número, cada algarismo tem uma posição. Essa posição é importante e indica a ordem (unidade, dezena, centena, unidade de milhar etc.) que o algarismo ocupa no número.

Exemplos:

No número 725, o algarismo 7 tem valor posicional 700, o algarismo 2 tem valor posicional 20 e o algarismo 5 tem valor posicional 5. Já no número 305, o algarismo 3 tem valor posicional 300 e o algarismo 5 tem valor posicional 5, o zero indica ausência de valor na ordem das dezenas. Resumimos isso no quadro:

Centenas	Dezenas	Unidades
7	2	5
3	0	5

Veja a **decomposição** dos números:

725 = 700 + 20 + 5 (lemos: setecentos e vinte e cinco)

305 = 300 + 0 + 5 (lemos: trezentos e cinco)

1 Sem fazer contagem, verifique se há mais ovelhas ou mais pedrinhas nas imagens abaixo. Explique oralmente o procedimento que utilizou.

2 Utilizamos o Material Dourado como uma forma de representar quantidades. Observe a seguir os agrupamentos de cubinhos e responda às questões:

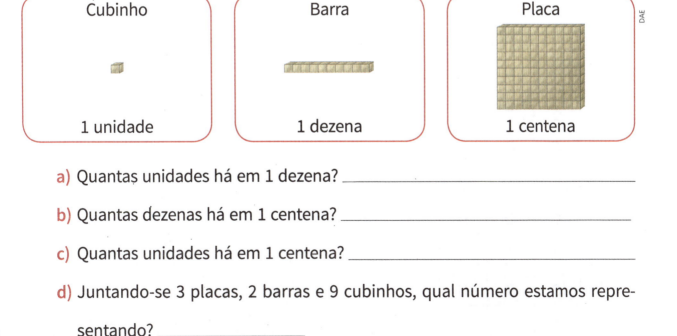

a) Quantas unidades há em 1 dezena? _____

b) Quantas dezenas há em 1 centena? _____

c) Quantas unidades há em 1 centena? _____

d) Juntando-se 3 placas, 2 barras e 9 cubinhos, qual número estamos representando? _____

3 Escreva os números representados em cada quadro pelo Material Dourado.

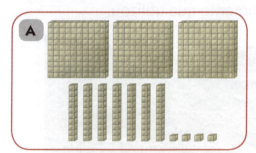

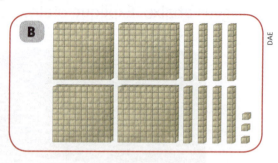

_____   _____

4 Escreva com algarismos e por extenso os números representados nos ábacos.

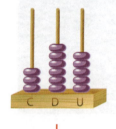  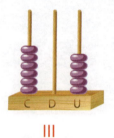 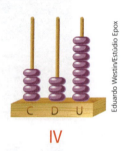

     I   II   III   IV

I. _____

II. _____

III. _____

IV. _____

5 Observe os quadros a seguir e escreva como lemos cada um dos números.

a)
C	D	U
9	2	8

_____

b)
C	D	U
1	7	3

_____

c)
C	D	U
4	6	2

_____

d)
C	D	U
8	4	1

_____

6 Podemos representar os números naturais numa reta numérica como esta:

0 1 2 3 4 5 6 7 8 9 10 11 12 13 14 15 16 17 18 …

Considere a reta numérica e escreva **V**, caso a afirmação seja verdadeira, ou **F**, caso seja falsa.

☐ Os números vão aumentando de 1 em 1, da esquerda para a direita.

☐ Quanto mais para a esquerda está o número, maior ele é.

☐ Quanto mais para a direita está o número, maior ele é.

☐ Imediatamente depois do 20 vem o 21.

☐ Imediatamente antes do 45 vem o 44.

☐ O antecessor do 7 é o número 6.

☐ O sucessor do número 49 é o 52.

7 Observe o que estava escrito na vitrine de uma loja:

Complete as lacunas com os dados a respeito do número que indica o valor do computador.

a) Número: _____.

b) Decomposição do número:

_____ = _____ + _____ + _____ + _____.

c) Leitura do número: _____.

8 Hora de jogar **maior número**. Para isso, você deve confeccionar as 10 cartas a seguir, juntar-se a três amigos para brincar e ler as regras do jogo.

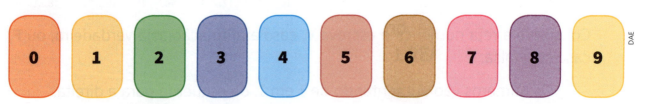

Regras do jogo:

1. Um aluno embaralha as 40 cartas (10 cartas de cada aluno) num montinho, sem que se vejam os algarismos.
2. Nas **duas primeiras rodadas**, cada um **retira 4 cartas** de cima do montinho e, com elas, deverá formar o maior número com 4 algarismos.
3. Na **última rodada** cada um **retira 2** cartas do montinho. Com essas 2 cartas deverá formar o maior número com 2 algarismos.
4. Ganha cada rodada quem formar o maior número.

De acordo com o jogo, complete:

JOGADOR	NÚMERO FORMADO		
	1ª rodada	2ª rodada	3ª rodada
Vencedor			

Adição e subtração com números naturais

Na gincana escolar, as turmas foram organizadas em cinco equipes. Várias brincadeiras interessantes foram escolhidas por eles.

▶ Bola para trás!

▶ Corrida de ovo na colher.

▶ Corrida de saco.

- Explique oralmente as regras dessas três brincadeiras!

Além dessas disputas, outras foram inventadas pelos próprios alunos. Eles elaboraram as regras e como seria a pontuação de cada uma. Ao final, o resultado foi apresentado no quadro ao lado.

Com base nesses dados, responda:

- Qual equipe ganhou a gincana?

Equipes	Pontuação final
Oba-Oba	743
Os Tigres	802
Vai Quem Quer	524
Maluquetes	885
As Feras	672

_____.

- Qual equipe fez menos pontos? _____.

- A diferença de pontos entre essas duas equipes é maior que 300 pontos? _____.

Sobre a adição e a subtração de números naturais, vamos recordar e organizar algumas ideias!

- O **resultado** de uma **adição** é conhecido como **soma**. Podemos efetuar uma adição utilizando a decomposição ou o quadro de valores.

Se Marta tem 352 reais e ganha 235 reais, com quantos reais ela fica?

Pela decomposição:

352 = 300 + 50 + 2
235 = 200 + 30 + 5

adicionamos

300 + 200 | 50 + 30 | 2 + 5
500 + 80 + 7 = 587

Pelo quadro de valores:

C	D	U
3	5	2
+ 2	3	5
5	8	7

Portanto, 587 reais.

- O **resultado** de uma **subtração** é conhecido como **diferença**. Podemos efetuar uma subtração utilizando a decomposição ou o quadro de valores.

A equipe Maluquetes fez 885 pontos e a equipe Vai Quem Quer fez 524. Quantos pontos a mais fez a que venceu?

Pela decomposição:

885 = 800 + 80 + 5
524 = 500 + 20 + 4

subtraímos

800 − 500 | 80 − 20 | 5 − 4
300 + 60 + 1 = 361

Pelo quadro de valores:

C	D	U
8	8	5
− 5	2	4
3	6	1

Portanto, 361 pontos a mais.

1 Utilizando a decomposição, faça cada uma das seguintes adições e escreva o resultado.

a) 723 + 175 = _____

c) 415 + 241 = _____

b) 216 + 583 = _____

d) 324 + 431 = _____

2 Cláudio vai ao supermercado fazer compras duas vezes no mês. Ele poderia fazer apenas uma compra no mês, mas prefere dessa forma em virtude do prazo de validade de alguns produtos.

No quadro a seguir, você encontra os valores que ele gastou neste mês com as compras. Escreva o total dessa compra.

Compra	Gasto
1ª	R$ 340,00
2ª	R$ 420,00
Total	

3 Observando a situação apresentada anteriormente, responda:

a) Se Cláudio destinou R$ 1.000,00 para as compras, quanto ainda sobrou?

_____

b) Neste mês, além das compras programadas, ele gastou R$ 60,00 na farmácia.

Que valor ainda sobrou? _____

4 O gráfico ao lado apresenta as vendas de sorvetes no último trimestre do ano na sorveteria de Laura.

a) Em dezembro, quantos sorvetes foram vendidos a mais que em novembro?

_____

_____

b) Quantos sorvetes foram vendidos no trimestre?

_____

_____

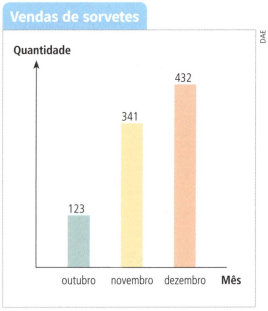

Fonte: Sorveteria de Laura.

5 Faça as seguintes adições no caderno utilizando a decomposição e, em seguida, escreva as suas respostas:

a) 265 + 686 = _____

b) 348 + 274 = _____

c) 688 + 254 = _____

d) 499 + 388 = _____

6 Calcule o resultado das seguintes subtrações mentalmente e complete:

a) 6 − 3 = _____

60 − 30 = _____

600 − 300 = _____

b) 10 − 8 = _____

100 − 80 = _____

1 000 − 800 = _____

7 Túlio comprou a camiseta e o tênis que estavam na promoção.

a) Quanto Túlio gastou nessa compra?

b) Se ele pagou a compra com 2 cédulas de 100 reais, qual foi o troco?

8 Lucas precisa descobrir quanto ainda deve juntar em reais para comprar um jogo de camisa, calção e meia de seu time favorito que custa ao todo 274 reais. Ele já guardou 189 reais. Observe como ele fez os cálculos:

```
274 = 200 + 70 + 4
189 = 100 + 80 + 9
subtraí
```

- Como 4 < 9, reagrupou 1 dezena, isto é:

```
274 = 200 + 60 + 14
189 = 100 + 80 +  9
subtraí
                    14 − 9
                       5
```

- Como 60 < 80, reagrupou 1 centena e completou a subtração:

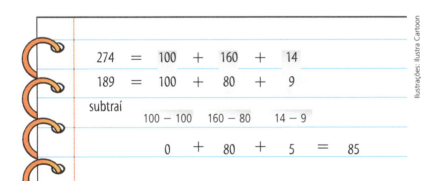

```
274 = 100 + 160 + 14
189 = 100 +  80 +  9
subtraí
       100 − 100   160 − 80   14 − 9
           0    +    80    +    5   =   85
```

Portanto,
274 − 189 = 85.

Efetue as seguintes subtrações como Lucas e escreva o resultado.

a) 723 − 175 = _____

b) 916 − 583 = _____

c) 2419 − 241 = _____

d) 5824 − 1431 = _____

9 Efetue cada operação indicada utilizando o procedimento que achar mais simples.

a) 45 947 + 124 308 = _____   c) 285 894 − 32 777 = _____

b) 234 128 + 87 035 = _____   d) 88 246 − 31 386 = _____

10 Faça as subtrações utilizando o procedimento da decomposição e escreva as respostas.

a) 686 − 265 = _____   b) 348 − 234 = _____

11 A capacidade máxima do teatro da cidade é de 956 lugares. Foram vendidos 342 ingressos até o dia da peça. Para descobrir quantos lugares ainda restavam, André fez subtrações sucessivas. Observe como ele calculou e complete as subtrações.

> Cálculo de André:
>
> 956 − 300 = _____
>
> _____ − 40 = _____
>
> _____ − 2 = _____
>
> Portanto, 956 − 342 = _____.

20 Vinte

Sequências numéricas: números cada vez maiores

A turma estava reunida em grupos. Cada grupo era formado por 3 alunos, e todos estavam manipulando o Material Dourado.

A atividade consistia em representar números cada vez maiores. Olha só o que eles estavam representando:

9 + 1 = 10

Juntando-se 9 cubinhos com 1 cubinho, obtém-se 10 cubinhos, isto é, 1 dezena de cubinhos. Podemos substituí-los por 1 barra.

Responda oralmente:
- Quantas unidades há em 1 dezena?
- Qual é o sucessor do número 9?

99 + 1 = 100

Juntando-se 99 cubinhos com 1 cubinho, obtém-se 100 cubinhos, isto é, 1 centena de cubinhos. Podemos substituí-los por 1 placa.

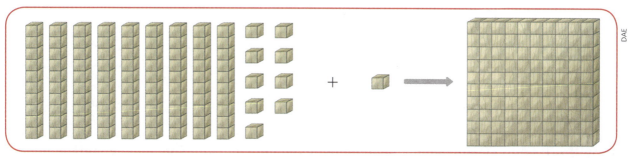

Responda oralmente:
- Quantas unidades há em 1 centena?
- Quantas barras são necessárias para formar uma placa?
- Qual é o sucessor do número 99?

999 + 1 = 1000

Juntando-se 999 cubinhos com 1 cubinho, obtém-se 1000 cubinhos. São 10 placas que podem ser substituídas por 1 cubo. Isto é:

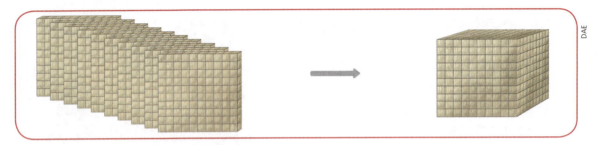

Responda oralmente:
- Quantas unidades há em 10 centenas?
- Quantas placas são necessárias para formar um cubo?
- Qual é o sucessor do número 999?

> Os números naturais aumentam de um em um. Assim, quando aumentamos 1 unidade em cada número natural, obtemos seu **sucessor**. Portanto, para obter o sucessor de um número, adicione 1 unidade ao número:
>
> 1999 + 1 = 2000 (lemos: dois mil)
> 2000 + 1 = 2001 (lemos: dois mil e um)
> 2001 + 1 = 2002 (lemos: dois mil e dois)
> 2002 + 1 = 2003 (lemos: dois mil e três)

1 Complete o quadro abaixo e os itens a seguir.

990	991	992	993						
1000	1001	1002							
1010	1011								
1020									
1030									

a) Em cada linha do quadro, os números aumentam de _____ em _____.

b) Em cada coluna do quadro, os números aumentam de _____ em _____.

c) O sucessor de 1039 é o número _____.

d) O antecessor de 1030 é o número _____.

2 Observe a sequência numérica a seguir. Ela foi elaborada segundo uma regra.

1 100 → 2 100 → 3 100 → ◯ → ◯ → ◯ → ◯ → ◯

a) Complete a sequência com os números que faltam.

b) Observe como lemos o primeiro número dessa sequência:

1 100 — um mil e cem ou mil e cem

Escreva como lemos os demais números dessa sequência.

_____

_____

_____

3 Observe na figura a representação de um número com o Material Dourado.

Faça o que se pede a seguir.

a) Escreva o número que está representado. _____

b) Escreva esse número por extenso.

_____

c) Quais são o antecessor e o sucessor desse número? _____

4 A tabela a seguir mostra quantas pessoas da escola de Carlos praticam determinados esportes.

De acordo com a tabela, faça o que se pede.

| PRÁTICA DE ESPORTE ||
Esporte	Número de praticantes
vôlei	141
basquete	165
futebol	285
natação	147
handebol	139

Fonte: Professor de Educação Física.

a) Qual é o esporte mais praticado pelas pessoas dessa escola? Quantas pessoas praticam esse esporte?

_____

b) Escreva os números em ordem crescente usando o sinal < (menor que).

_____

c) Escreva os números em ordem decrescente usando o sinal > (maior que).

_____

5 Observe quanto dinheiro cada pessoa tem e depois responda às questões.

Vera	Pedro	Bruno	Júlia
5	10	5	10
20	10	20	20
50	20	100	50
100	100	100	100

Fotos: Banco Central do Brasil

a) Quem tem mais de 100 reais? _____

b) Quem tem a maior quantia? _____

c) Quem tem a menor quantia? _____

6 Escreva ao lado do nome a quantia de cada pessoa observando o quadro da atividade anterior. Em seguida, faça o que se pede.

- Vera: _____
- Bruno: _____
- Pedro: _____
- Júlia: _____

a) Escreva essas quantias em ordem crescente.

_____

b) Escreva essas quantias em ordem decrescente.

_____

7 Uma olimpíada foi organizada na escola com quatro times participantes: Alfa, Beta, Gama e Delta. O gráfico a seguir mostra a pontuação dos times no final da competição.

a) Complete a tabela com a pontuação dos times participantes.

PONTUAÇÃO DOS TIMES NA OLIMPÍADA	
Time	Número de pontos
Alfa	
Beta	
Gama	
Delta	

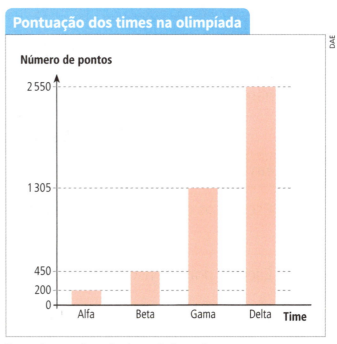

Fonte: Organizadores da olimpíada da escola.

b) Qual time fez mais pontos? _____

c) Escreva a pontuação em ordem decrescente utilizando o sinal > (maior que):

_____

8 Faça a composição dos números e escreva cada um deles por extenso.

a) 2 000 + 800 + 70 + 3 = _____

b) 8 000 + 700 + 40 + 9 = _____

c) 3 000 + 500 + 10 + 7 = _____

d) 9 000 + 200 + 30 + 4 = _____

9 Observe o folheto de propaganda do carro que o pai de Lúcia foi comprar. Escreva por extenso o valor do carro:

a) sem desconto;

_____

_____

b) com desconto.

_____

R$ 45.200,00

Apenas este mês **super**desconto de R$ 1.100,00

10 Renam mora em Belém, no estado do Pará. Na aula de Geografia ele fez uma tabela das distâncias em quilômetros de Belém às demais capitais da Região Norte. Renam utilizou um *site* que calcula as distâncias em **linha reta** entre duas cidades.

	Rio Branco	Porto Velho	Boa Vista	Manaus	Palmas
Belém	2 340	1 891	1 437	1 296	979

a) Escreva as distâncias em ordem crescente.

_____

b) Escreva por extenso cada um dos números que indicam essas distâncias.

_____

_____

_____

_____

11. A turma inventou uma brincadeira na qual há cartas com pontuações diferentes, conforme ilustrado abaixo. Leia as regras do jogo e responda aos itens a seguir.

Regras do jogo:

1. São 9 cartas de cada cor.
2. O jogo deve ser jogado por 4 participantes.
3. As cartas são embaralhadas e distribuídas, sem que se veja a cor, igualmente entre os 4 jogadores.
4. Nas duas primeiras rodadas, cada um, em sua vez, retira de seu montinho as 4 cartas de cima e adiciona os valores dessas cartas. Ganha a rodada quem fizer o maior número.

5. Na última rodada, cada um, em sua vez, vira a última carta. Ganha a rodada quem conseguir o maior número.

a) Qual é o maior e o menor número que um jogador pode formar na 1ª rodada?

_____

b) Qual é o maior e o menor número que um jogador pode tirar na 3ª rodada?

_____

12. De acordo com a quantidade de cartas indicadas, escreva a pontuação total em cada item com algarismos e por extenso.

	1 000	100	10	1	Pontuação total
a)	3	5	7	2	
b)	8	9	6	4	
c)	9	8	3	6	
d)	7	5	5	2	

Ordens e classes

O texto a seguir é de Monteiro Lobato, um famoso escritor brasileiro. Na leitura, observe atentamente como ele fala dos algarismos e como os utilizamos para escrever os números.

Terminada a apresentação dos artistas da Aritmética, o Visconde começou a explicar como é que eles manobram lá entre si, de jeito a indicar de um modo fácil todas as quantidades que existem, por menores ou maiores que sejam. E o respeitável público viu que só com aqueles dez artistas podiam formar-se números enormíssimos, capazes até de enumerar todas as estrelas do céu e todos os peixinhos do mar.

Com um 1 na frente de outro 1 formava-se o 11; com o 1 e o 2 formava-se o 12; com o 1 e 3 forma-se o 13 — e do mesmo modo o 14, o 15, o 16, o 17, o 18 e o 19.

— Depois — disse o Visconde — começa a casa do 20, que é um 2 com um 0 em seguida. E assim temos o 21, o 22, o 23, o 24 etc., até o 29. Depois começa a casa do 30, e temos, a seguir o 31, o 32, o 33, o 34 etc., até o 39. Depois começa a casa do 40, e a do 50, do 60, do 70, do 80 e do 90. O 90 vai indo — 91, 92, 93, 94 etc., até 100.

— Bom — disse o Visconde —, nesse caso vou explicar outra coisa. Vou explicar que 10 unidades formam uma **Dezena**. Dez Dezenas formam uma **Centena**. Dez Centenas formam um **Milhar**. Dez Milhares formam uma **Dezena de Milhar**. Dez Dezenas de Milhar formam uma **Centena de Milhar**. Dez Centenas de Milhar formam um **Milhão**. Vou escrever um número e dividir as casas.

— Que casas? — indagou Emília.

— As casas das Unidades, das Dezenas, das Centenas etc.

Monteiro Lobato. *Aritmética da Emília*. São Paulo: Globo, 2009. p. 27-28.

Sobre o texto, responda:

- O que significa um milhar? _____

- E uma dezena de milhar? _____

- E uma centena de milhar? _____

Quando escrevemos o número 10 000 (dez mil), utilizamos cinco algarismos. No quadro de valores escrevemos uma nova ordem: dezena de milhar (DM).

DM	UM	C	D	U
1	0	0	0	0

Podemos, então, escrever:

9 999 + 1 = 10 000
10 unidades de milhar correspondem a **1 dezena de milhar**: 1 DM

Quando escrevemos o número 100 000 (cem mil), utilizamos seis algarismos. No quadro de valores escrevemos uma nova ordem: centena de milhar (CM):

CM	DM	UM	C	D	U
1	0	0	0	0	0

Podemos, então, escrever:

99 999 + 1 = 100 000
10 dezenas de milhar correspondem a **1 centena de milhar**: 1 CM

Cada três ordens formam uma **classe**. Observe o número 347 982:

Milhares			Unidades simples		
CM	DM	UM	C	D	U
3	4	7	9	8	2

1 Decomponha e escreva os números como os lemos. Veja o exemplo.

> 772 384 = 700 000 + 70 000 + 2 000 + 300 + 80 + 4
> Lemos: setecentos e setenta e dois mil, trezentos e oitenta e quatro

a) 83 872 = _____ + _____ + _____ + _____ + _____

Lemos: _____

b) 945 034 = _____ + _____ + _____ + _____ + _____ + _____

Lemos: _____

2 Componha os números.

a) 7 000 + 200 + 60 + 5 = _____

b) 9 000 + 700 + 50 + 2 = _____

c) 8 000 + 300 + 70 + 1 = _____

d) 4 000 + 600 + 40 + 8 = _____

3 Cássio viu em um *site* a tabela ao lado, que mostra a população de algumas cidades brasileiras em 2010.

Fonte: IBGE. *Censo Demográfico 2010*. Disponível em: <www.ibge.gov.br/home/estatistica/populacao/censo2010/resultados_dou/default_resultados_dou.shtm>. Acesso em: abr. 2019.

Cidade	População
Aracaju (Sergipe)	552 365
Florianópolis (Santa Catarina)	404 224
Porto Velho (Rondônia)	410 520
São Félix do Xingu (Pará)	90 908
Ubá (Minas Gerais)	97 726

Ele decidiu registrar esses números em ordem decrescente em um quadro valor de lugar, mas cometeu um erro. Identifique o erro cometido por Cássio.

CM	DM	UM	C	D	U
5	5	2	3	6	5
4	0	4	2	2	4
4	1	0	5	2	0
	9	0	9	0	8
	9	7	2	2	6

_____

_____

4 Considere o número **852 371**.

a) Escreva a decomposição desse número.

_____

b) Escreva-o por extenso.

_____

c) Esse número pode ser escrito utilizando-se a multiplicação. Complete:

852 371 =

= 8 × 100 000 + 5 × _____ + 2 × _____ + 3 × _____ + 7 × _____ + 1 × _____

5 Veja no mapa a seguir o estado de Santa Catarina e sua capital, Florianópolis.

Segundo o Instituto Brasileiro de Geografia e Estatística (IBGE), a população estimada para Florianópolis em 2016 era de 477 798 habitantes.

Fonte: <http://cidades.ibge.gov.br/xtras/perfil.php?lang=&codmun=420540&search=santa-catarina|florianopolis>. Acesso em: abr. 2019.

Fonte: *Atlas geográfico escolar*. 7. ed. Rio de Janeiro: IBGE, 2016. p. 176.

◆ Escreva quantas unidades representa, de acordo com sua posição no número, cada um dos algarismos 7 que foram utilizados.

_____

6 Complete a sequência com os números que faltam e explique como ela é formada.

_____

_____

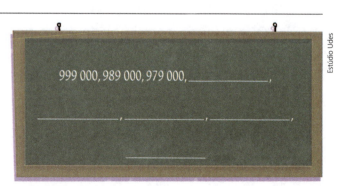

999 000, 989 000, 979 000, _____, _____, _____, _____

7 Em cada ábaco abaixo está representado um número. No caderno, escreva com algarismos e por extenso cada um desses números.

a)

b)

c)

8 Luciane fez um desenho no caderno para representar um número num ábaco. Ela utilizou marcas verdes para representar as continhas.

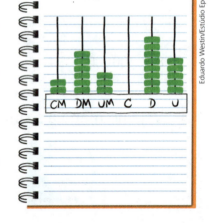

a) Escreva o número que Luciane representou no ábaco.

_____

b) Desenhe abaixo um ábaco e nele represente o número: novecentos e quarenta e sete mil e trinta e oito.

9 Num banco, as cédulas são contadas e agrupadas em pacotes com 100 cédulas cada.

a) Que quantia corresponde a um pacote de cédulas de 100 reais?

_____

b) Quantos desses pacotes seriam necessários para juntar cem mil reais?

_____

10 Nos jornais e revistas é comum escrevermos certos números misturando algarismos e palavras. No anúncio da venda da casa, o valor 569 mil reais significa 569 000 reais (569 000 = 569 × 1 000). Escreva com algarismos os valores a seguir.

a) 569 mil = 569 000 = 569 × 1 000

b) 708 mil = _____

c) 403 mil = _____

d) 87 mil = _____

11 A tabela a seguir mostra a estimativa da população de algumas capitais da Região Norte do Brasil para o ano de 2016.

Capital	População
Rio Branco	377 057
Macapá	465 495
Porto Velho	511 219
Boa Vista	326 419
Palmas	279 856

Fonte: IBGE. Disponível em: <ftp://geoftp.ibge.gov.br/produtos_educacionais/mapas_tematicos/mapas_do_brasil?mapas_nacionais/politico/brasil_grandes_regioes.pdf>. Acesso em: abr. 2019.

a) Escreva as populações desses municípios em ordem crescente.

_____

_____

b) Quais dessas cidades tem população maior que 400 mil habitantes?

_____

c) Qual dessas cidades tem população mais próxima de 300 mil habitantes?

_____

12 É hora de jogar **formando números**, mas é você quem deve formar os números utilizando cartas com algarismos de acordo com orientações do professor.

1. A turma deve ser organizada em grupos com 4 alunos.
2. Cada grupo deverá confeccionar 4 cartas de cada um dos algarismos de 0 a 9.
3. Em cada grupo, um jogador embaralha as 40 cartas e distribui 6 cartas para cada um.
4. Com as 6 cartas, cada aluno deverá formar o maior número possível com 6 algarismos.
5. Ganha no grupo aquele que formar o maior número.

Após a brincadeira, responda:

a) Se um jogador tirar as cartas abaixo, qual é o maior número que poderá formar?

2   2   0   8   4   5   _____

b) Escreva um número entre 700 000 e 800 000 que um jogador poderá formar se tirar as cartas abaixo.

9   7   3   1   4   5   _____

c) E se um jogador tirasse as mesmas cartas do item **b**, ele poderia formar algum número entre 800 000 e 900 000? Justifique.

_____
_____
_____
_____

Cálculos aproximados

A família de Tobias decidiu que neste final de ano passaria alguns dias numa praia muito bonita. Eles fizeram um cálculo aproximado de quantos reais gastariam:

Passagens aéreas: R$ 2.457,00
Despesas de estada: R$ 2.600,00
Alimentação: R$ 1.800,00

Responda:

◆ Qual meio de transporte a família de Tobias utilizaria para chegar à praia?
_____

◆ O que são despesas de estada? _____
_____

◆ Fazendo um cálculo aproximado, você acha que eles gastarão mais de

R$ 8.000,00 ou menos? _____

Para calcular as despesas, podemos efetuar uma adição desses três valores. Uma maneira é fazer a decomposição dos três valores. Complete:

2 457 =   2 000   +   400   +   50   +   7
2 600 =   2 000   +   600   +   0   +   0
1 800 =   1 000   +   800   +   0   +   0

adicionamos

2 000 + 2 000 + 1 000   400 + 600 + 800   50   7

_____ + _____ + 50 + 7 = _____

Você sabe o que é salário? E o que se faz com o salário recebido?

Podemos dizer que o salário ou remuneração é a quantia que uma pessoa recebe pelos serviços prestados a uma empresa, por exemplo. Ao receber seu salário, uma pessoa precisa usá-lo para suprir suas necessidades e pagar despesas, como:

- alimentos para a família;
- moradia;
- saúde;
- educação;
- lazer;
- transporte.

Considere que Andreia trabalha numa empresa e recebe R$ 2.500,00 por mês. Com essa quantia, ela se programa para as várias despesas que tem. Se você estivesse no lugar dela, como dividiria essa quantia? Faça essa divisão e depois discuta esse tema com os colegas.

Itens para pagar com o salário	Valor em reais
Alimentos	
Saúde	
Lazer	
Transporte	
Moradia	
Educação	

Adição: procedimentos

Domitila gostaria de saber quantas são as mulheres que moram em Porto Velho, seu município. Para isso, fez uma pesquisa no *site* do IBGE e encontrou a tabela a seguir.

População residente, por situação de domicílio e sexo

	URBANA	RURAL
Total	390 733	37 794
Homens	193 768	23 850
Mulheres	196 965	13 944

Fonte: IBGE – *Censo demográfico 2010*. Disponível em: <https://ww2.ibge.gov.br/home/estatistica/populacao/censo2010/>. Acesso em: abr. 2019.

Para saber o total de mulheres, primeiramente ela decompôs os números que indicam a quantidade de mulheres em cada situação de domicílio.

196 965 ⟶ 100 000 + 90 000 + 6 000 + 900 + 60 + 5

13 944 ⟶ _____ + 10 000 + 3 000 + 900 + 40 + 4

Em seguida, adicionou os valores de cada ordem.

100 000 + 100 000 + 9 000 + 1 800 + 100 + 9

200 000 + 0 + 9 000 + 1 900 + 0 + 9

Domitila teve de fazer alguns reagrupamentos.

200 000 + 9 000 + 1 000 + 900 + 0 + 9

200 000 + 10 000 + 0 + 900 + 0 + 9

E chegou ao valor que procurava, isto é, **210 909** mulheres em Porto Velho. Outra maneira de efetuar essa adição é por meio do algoritmo.

CM	DM	UM	C	D	U
1¹	9¹	6¹	9¹	6	5
+	1	3	9	4	4
2	1	0	9	0	9

◆ Os números que estão sendo adicionados são denominados _____ e o resultado da adição é chamado de _____.

1 Na tabela a seguir foi computada a quantidade de pessoas que visitaram uma grande feira de móveis no último fim de semana. Complete-a.

	Manhã	Tarde	Total
Sábado	3 945	4 702	
Domingo	4 321	5 334	
Totais			

2 Faça as adições a seguir, agora utilizando o algoritmo da adição.

a) 23 450 + 9 352 = _____

c) 20 999 + 53 444 = _____

b) 12 377 + 11 988 = _____

d) 38 046 + 20 099 = _____

3 Observe as sequências a seguir e complete-as com os termos que faltam.

a) 11 350 → 11 500 → 11 650 → ▢ → ▢ → ▢

b) 14 600 → 15 000 → 15 400 → ▢ → ▢ → ▢

c) 12 020 → 13 030 → 14 040 → ▢ → ▢ → ▢

4 Resolva mentalmente as adições a seguir.

a) 2 + 9 = _____

20 + 90 = _____

200 + 900 = _____

2 000 + 9 000 = _____

20 000 + 90 000 = _____

b) 7 + 8 = _____

70 + 80 = _____

700 + 800 = _____

7 000 + 8 000 = _____

70 000 + 80 000 = _____

c) 12 + 6 = _____

120 + 60 = _____

1 200 + 600 = _____

12 000 + 6 000 = _____

120 000 + 60 000 = _____

d) 23 + 11 = _____

230 + 110 = _____

2 300 + 1 100 = _____

23 000 + 11 000 = _____

230 000 + 110 000 = _____

5 Na compra de um carro usado, Márcia gastou R$ 23.452,00 pelo carro mais R$ 2.123,00 com acessórios e impostos. Ao todo, quantos reais Márcia gastou?

_____

6 Em um estádio de futebol compareceram 12 456 pessoas para assistir a um jogo do Campeonato Brasileiro. Sobraram ainda 11 634 lugares vagos. Determine a capacidade desse estádio, isto é, o número total de lugares.

_____

7 Após resolver os problemas a seguir, confira os resultados numa calculadora.

a) Numa calculadora você digita o maior número com 4 algarismos. Em seguida, aperta a tecla [+] e digita o menor número com 4 algarismos. Depois, aperta a tecla [=]. Que resultado aparece no visor da calculadora? _____

b) Numa calculadora você digita o maior número com 5 algarismos. Em seguida, aperta a tecla [+] e digita o menor número com 5 algarismos. Depois, aperta a tecla [=]. Que resultado aparece no visor da calculadora? _____

8 Agora elabore nas linhas a seguir o enunciado de um problema que envolva a adição.

Enunciado:

_____

_____

_____

Apresente a resolução no quadro a seguir:

9 No gráfico a seguir aparece o número total de frequentadores da biblioteca de uma escola de março a junho de um mesmo ano.

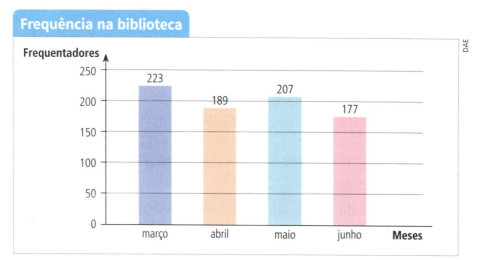

Fonte: Biblioteca de uma escola.

a) Com base no gráfico, arredonde esses valores para a dezena mais próxima e complete a tabela a seguir.

Meses	Quantidades	Arredondamentos
março		
abril		
maio		
junho		

b) Agora calcule a quantidade total de frequência na biblioteca juntando as quantidades arredondadas.

◆ Nos meses de março e abril: _____

◆ Nos meses de maio e junho: _____

◆ Nos quatro meses: _____

10 Faça mais cálculos mentalmente.

a) 20 000 + 4 560 = _____

b) 45 200 + 4 800 = _____

c) 2 010 + 40 090 = _____

d) 801 000 + 9 400 = _____

11 Complete as frases a seguir.

a) Numa adição de duas parcelas, se aumentarmos em 17 a primeira parcela, para não alterar a soma, teremos de _____ 17 da segunda parcela.

b) Numa adição de duas parcelas, se diminuirmos 47 da primeira parcela, então teremos de aumentar _____ na segunda parcela para não alterar a soma.

12 Luiza e Geórgia são irmãs. Hoje a soma da idade delas é igual a 22 anos. Responda:

a) Qual será a soma da idade das duas irmãs daqui a 4 anos? Justifique.

_____

_____

b) E daqui a 10 anos? Justifique.

_____

13 Observe a quantia, em reais, que os irmãos conseguiram guardar em um ano para comprar um *tablet*.

Sidnei

Yasmin

a) Qual quantia, em reais, os dois guardaram juntos? _____

b) Sidnei estava devendo 50 reais para Yasmin. Depois de pagá-la com parte do dinheiro mostrado acima e Yasmin acrescentar essa quantia ao que havia guardado, qual quantia eles terão juntos? _____

14 Observe como Paulinha calculou 430 + 120 e depois somou mais 220. Complete:

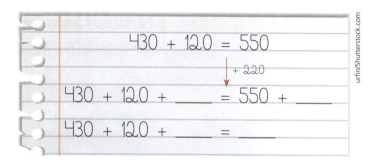

a) A igualdade escrita por Paulinha, isto é, 430 + 120 = 550, é correta? _____

b) Ela adicionou 220 aos dois lados da igualdade. Obteve uma igualdade também correta? _____

15 Complete, em cada quadro, as igualdades a seguir.

a)
245 + 900 = _____
adicionando 125 ↓
245 + 900 + _____ = 1145 + _____
245 + 900 + _____ = _____

b)
1280 + 300 = _____
adicionando 1220 ↓
1280 + 300 + _____ = 1580 + _____
1280 + 300 + _____ = _____

16 Elabore um problema que envolva a adição de dois números maiores que 10000. Escreva o enunciado nas linhas e apresente a resolução no quadro.

_____

_____

Resolução

Resposta: _____.

Subtração: procedimentos

Você já ouviu falar em censo demográfico?
Leia o texto para saber o que é.

A cada 10 anos o Instituto Brasileiro de Geografia e Estatística, conhecido por IBGE, faz uma contagem do número de pessoas em cada município. Essa contagem é chamada de censo. Além da quantidade de pessoas, diversas outras informações são também obtidas, possibilitando que se conheça melhor o Brasil e sua população. Exemplos de informações: o número de homens, o número de mulheres, de crianças e idosos, como vivem as pessoas, qual é a profissão delas etc.

No censo realizado em 2010, por exemplo, a população na cidade de Araraquara era de 208 662 (duzentos e oito mil seiscentos e sessenta e dois) habitantes. Em 2016 não houve censo, entretanto, o IBGE informou uma população estimada de 228 664 (duzentos e vinte e oito mil seiscentos e sessenta e quatro) habitantes.

Disponível em: <http://ibge.gov.br/cidadesat/xtras/perfil.php?lang=&codmun=350320&search=sao-paulo|araraquara>. Acesso em: abr. 2019.

Vamos resumir essas informações na tabela:

ARARAQUARA	
População: censo de 2010	208 662
População estimada para 2016	228 664

- Observando as duas populações, responda, sem fazer cálculos por escrito: o aumento da população foi de mais ou de menos que 20 000 habitantes?

_____

_____

_____

Domitila observou novamente os dados do município de Porto Velho, encontrados no *site* do IBGE.

Ela percebeu que na zona rural, comparando a quantidade de homens e mulheres, há mais homens do que mulheres.

Para saber a diferença entre a quantidade de homens e mulheres na zona rural, Domitila fez 23 850 − 13 944, mas **ao decompor** os valores percebeu que, para efetuar a subtração, teria de fazer reagrupamentos...

População por situação de domicílio e sexo

	URBANA	RURAL
Total	390 733	37 794
Homens	193 768	23 850
Mulheres	196 965	13 944

Fonte: IBGE – *Censo demográfico 2010*. Disponível em: <https://ww2.ibge.gov.br/home/estatistica/populacao/censo2010/>. Acesso em: abr. 2019.

... escrevendo 50 = 40 + 10

23 850 ⟶ 20 000 + 3 000 + 800 + 50 + 0
13 944 ⟶ 10 000 + 3 000 + 900 + 40 + 4

trocando 3 000 + 800 = 2 000 + 1 800 e...

23 850 ⟶ 20 000 + 2 000 + 1 800 + 40 + 10
13 944 ⟶ 10 000 + 3 000 + 900 + 40 + 4

ainda fazendo 20 000 + 2 000 = 10 000 + 12 000

23 850 ⟶ 10 000 + 12 000 + 1 800 + 40 + 10
13 944 ⟶ 10 000 + 3 000 + 900 + 40 + 4

Efetuando a subtração, Domitila obteve 9 906.

23 850 ⟶ 10 000 + 12 000 + 1 800 + 40 + 10
13 944 ⟶ 10 000 + 3 000 + 900 + 40 + 4 −
_____
  0 + 9 000 + 900 + 0 + 6

◆ 23 850 é denominado **minuendo**; 13 944, _____ e o número 9 906 é chamado de **diferença** ou _____.

Outra maneira de efetuar subtrações como essa é por meio do **algoritmo**. Calcule em seu caderno a diferença entre o número de homens e o de mulheres que moram na zona urbana de Porto Velho.

1 Ricardo trabalha de segunda-feira a sexta-feira fazendo entregas com um furgão. O gráfico a seguir mostra as distâncias percorridas por ele nas 4 semanas deste mês.

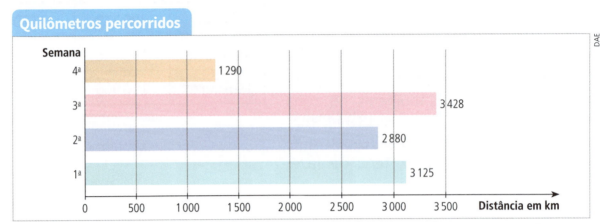

Fonte: Empresa de entregas.

Quantos quilômetros a mais ele percorreu na 3ª semana em comparação com a 2ª semana? _____

2 Efetue cada subtração a seguir utilizando o procedimento que achar mais adequado.

a) 23 450 − 10 223 = _____

b) 22 377 − 11 988 = _____

c) 90 999 − 53 444 = _____

d) 48 046 − 20 099 = _____

3 Observe a subtração que Júlia efetuou e verifique se está correta por meio de uma adição.

```
   9 5 3 8 7
 − 2 8 1 2 2
 ─────────
   6 7 2 6 5
```

4 Resolva mentalmente as subtrações a seguir.

a) 12 − 9 = _____

   120 − 90 = _____

   1 200 − 900 = _____

   12 000 − 9 000 = _____

   120 000 − 90 000 = _____

b) 32 − 11 = _____

   320 − 110 = _____

   3 200 − 1 100 = _____

   32 000 − 11 000 = _____

   320 000 − 110 000 = _____

5 Na compra de um computador de R$ 1.895,00, Pedro conseguiu um bom desconto à vista, pagando apenas R$ 1.380,00. Calcule o desconto que Pedro conseguiu no pagamento à vista.

_____

6 Para uma peça de teatro foram colocados à venda 1 576 ingressos. Entretanto, no dia da peça havia ainda 887 ingressos disponíveis. Quantos ingressos foram vendidos?

_____

7 Elabore um problema que envolva a subtração entre os números 9 450 e 2 250. Escreva o enunciado nas linhas e apresente a resolução no quadro.

_____

_____

_____

Resolução

Outras situações com subtração

Observe o diálogo entre Maurício e Lúcio.

◆ No quadro da esquerda, desenhe o troco que Maurício receberá se não tiver os três reais solicitados por Lúcio e, no quadro da direita, o troco que receberá se tiver os três reais.

◆ Se a conta era de 83 reais e Maurício deu uma cédula de 100 reais, por que Lúcio solicitou mais 3 reais? _____

_____

◆ Para calcular o troco fazemos a subtração:

100 − 83 = _____

Dando 3 reais a mais, temos:

103 − 83 = _____

Observe que, se Maurício der 100 reais, seu troco será de 17 reais. Se der 103 reais, seu troco será de 20 reais. Pois, se ele dá 3 reais a mais, seu troco também aumenta em 3 reais.

Você concorda que, na situação apresentada anteriormente, o troco seria facilitado? Pois bem, você também pode empregar ideias desse tipo, usadas no dia a dia, para fazer subtrações. Vamos organizar um pouco algumas delas para serem utilizadas numa subtração. Leia atentamente com os colegas o que vem a seguir.

> Numa subtração, quando aumentamos o minuendo e mantemos o subtraendo, a diferença aumenta na mesma quantidade que o minuendo aumentou.
>
> 20 000 − 16 800 = 3 200
>
> aumento de 800 no minuendo ↓ ↓ a diferença aumenta em 800
>
> 20 800 − 16 800 = 4 000

> Numa subtração, quando aumentamos o minuendo e o subtraendo no mesmo valor, a diferença não é alterada.
>
> 20 000 − 16 800 = 3 200
>
> aumento de 200 no minuendo ↓ ↓ aumento de 200 no subtraendo
>
> 20 200 − 17 000 = 3 200

1 Júlia, quando faz uma subtração, procura confirmar o resultado utilizando uma adição. Numa viagem de 738 quilômetros com a família, eles já tinham percorrido 247 quilômetros. Para saber quanto faltava percorrer, ela fez a seguinte subtração: 738 − 247 = 501

a) Para verificar se a subtração dela está correta, calcule: 501 + 247 = _____

b) Júlia fez a subtração corretamente? _____

c) Agora, resolva a subtração: 738 − 247 = _____

2 Resolva as seguintes subtrações. Depois, verifique os resultados utilizando a adição.

a) 899 − 345 = _____

b) 1045 − 807 = _____

c) 4030 − 1208 = _____

d) 787 − 296 = _____

3 Marcos gosta de fazer algumas subtrações mentalmente. Observe como ele calculou o troco em um supermercado quando deu uma cédula de 100 reais para pagar uma compra de 69 reais.

$$100 - 69 = 101 - 70 = \underline{}$$
(+1 ao minuendo e +1 ao subtraendo)

a) Qual foi o procedimento utilizado por Marcos?

_____

b) Complete a subtração com o resultado.

4 E o que acontece com o resultado de uma subtração quando diminuímos uma mesma quantidade do minuendo e do subtraendo? Explique.

_____

_____

5 A diferença entre a idade de Marta e de sua mãe é de 25 anos.

a) Daqui a 7 anos, qual será a diferença entre a idade de Marta e de sua mãe? Justifique.

_____

b) Qual era a diferença entre a idade de Marta e de sua mãe no ano passado? Justifique.

_____

6 Paulo devia R$ 7.950,00 de um empréstimo feito em um banco para a reforma de sua casa. Hoje, ele pagou R$ 2.350,00 desse empréstimo. Assim, sua dívida hoje com o banco é de quantos reais?

_____

7 Elabore um problema que tenha os valores R$ 1.270,00 e R$ 6.000,00. Esse problema deverá estar relacionado com a subtração de números. Apresente a seguir o enunciado, a resolução e a resposta.

_____

_____

_____

Resolução

Resposta: _____.

8 Na lousa da sala de aula foram deixadas as seguintes operações:

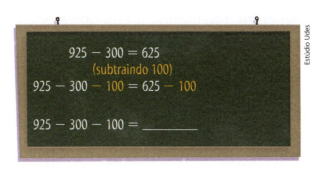

925 − 300 = 625
(subtraindo 100)
925 − 300 − 100 = 625 − 100

925 − 300 − 100 = _____

a) Explique o que foi feito com base na igualdade inicial.

_____

_____

b) Qual resultado completa o que está escrito na lousa? _____

9 Complete cada igualdade a seguir de forma que fique correta.

a) 2 500 + 500 − _____ = 2 900

b) 400 − 200 + _____ = 200 + 300

c) 6 000 − 2 000 − 3 000 = 4 000 − _____

MATEMÁTICA em ação

As pessoas que trabalham e estudam acabam se deparando com situações que envolvem valores diversos, que podem ser manipulados mais facilmente quando fazem **arredondamentos** — não apenas em relação às operações de adição e subtração mas também na contagem.

Por exemplo, se considerarmos que a população de Campo Grande, capital de Mato Grosso do Sul, era de 786 797 pessoas, conforme o Censo de 2010, podemos dizer, sem comprometer o valor exato, que a população era de 787 000 pessoas. Podemos até escrever 787 mil habitantes.

786 797 habitantes

↓ arredondamento para a unidade de milhar mais próxima

787 000 habitantes ou 787 mil habitantes

Utilizando arredondamentos facilitamos a comunicação, você não acha? Certamente é muito mais simples falarmos 787 mil habitantes do que 786 797 habitantes.

As estimativas de quantidades, por exemplo, podem ser feitas por meio de arredondamentos. Para dar um exemplo, imagine que uma escola tenha programado uma atividade esportiva no fim de semana. Foi feito um levantamento em cada segmento da escola de quantos alunos participariam do evento, e obtiveram-se as quantidades ao lado.

Segmento	Quantidade
Educação Infantil	273
Fundamental I	897
Fundamental II	1 384
Ensino Médio	1 126

Essa quantidade foi arredondada para a **centena mais próxima**:

Segmento	Quantidades	Arredondamento
Educação Infantil	273	300
Fundamental I	897	900
Fundamental II	1 384	1 400
Ensino Médio	1 126	1 100

Quando arredondamos alguns números **para mais** e outros **para menos**, como na página anterior, temos uma situação em que os números obtidos ficam muito próximos daquilo que tínhamos antes. Dessa forma, os arredondamentos representam bem a situação numérica que existia.

Voltando aos dados e adicionando as quantidades arredondadas, podemos dizer que aproximadamente 3 700 alunos participarão da atividade. Note que, se você adicionar os valores não arredondados, obterá 3 680 alunos, isto é, número muito próximo do total resultante do arredondamento.

Mas como podemos fazer esses arredondamentos?

Uma forma é você procurar arredondar para uma ordem mais próxima, utilizando dezenas, centenas, unidades de milhar, e assim por diante. Observe alguns exemplos:

29 → 30 (arredondamos para a dezena mais próxima)
76 → 80 (arredondamos para a dezena mais próxima)
109 → 110 (arredondamos para a dezena mais próxima)
241 → 240 (arredondamos para a dezena mais próxima)
1 211 → 1 200 (arredondamos para a centena mais próxima)
3 491 → 3 500 (arredondamos para a centena mais próxima)

Observe a seguir o total de vendas de uma loja durante uma semana. Você deverá completar a última coluna com os valores arredondados para a **centena mais próxima**.

Dia da semana	Vendas em reais	Arredondamentos
segunda-feira	1 421	
terça-feira	1 675	
quarta-feira	2 132	
quinta-feira	1 983	
sexta-feira	2 769	

◆ Utilizando uma calculadora, anote a soma das vendas em reais dessa loja durante a semana. _____

◆ Agora, também com a calculadora, anote a soma das vendas em reais dessa loja durante a semana, mas com os valores arredondados. _____

◆ Qual é a diferença? _____

Revendo o que aprendi

1 Efetue cada uma das operações.

a) 77 489 + 22 899 = _____

c) 654 222 + 101 324 = _____

b) 77 489 − 22 899 = _____

d) 654 222 − 101 324 = _____

2 Leia o problema com atenção e resolva-o.

Na segunda-feira à tarde, Marcos ganhou R$ 350,00 por um trabalho que havia feito na semana anterior. Na terça-feira ganhou mais R$ 250,00. Com isso, ele ficou com R$ 2.000,00. Quanto dinheiro ele tinha na segunda-feira antes de ganhar a primeira quantia?

Ilustrações: Danielle Joanes

_____

3 Invente um problema de subtração que tenha as quantias de R$ 5.000,00 e R$ 2.100,00. Depois, você deverá resolvê-lo e mostrá-lo aos colegas.

_____

_____

_____

4 Você conhece a cidade de Angra dos Reis, no Rio de Janeiro?

No Censo 2010, a população dessa cidade era de 169 511 habitantes. Para o ano de 2016, o IBGE estimou que essa população seria de 191 504 habitantes. Com base nos dados do Censo, quantos habitantes a mais em seis anos a estimativa aponta?

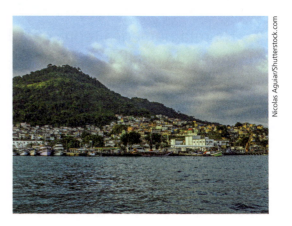

_____

5 Arredonde os números para a centena mais próxima e, depois, efetue as operações indicadas.

a) 7 576 + 2 192 ⟶ _____ + _____ = _____

b) 23 788 − 12 459 ⟶ _____ − _____ = _____

c) 84 012 + 3 032 ⟶ _____ + _____ = _____

d) 24 298 − 6 675 ⟶ _____ − _____ = _____

6 Numa festa popular no centro da cidade, os organizadores disseram que compareceram 350 mil pessoas. Já a polícia militar disse que eram apenas 180 mil pessoas.

Calcule a diferença entre os valores informados pelos organizadores e pela polícia militar.

7 Na reta numérica representada a seguir estão indicados alguns números na forma de multiplicação. Colocamos algumas letras para indicar a posição de alguns desses números. Assim, podemos dizer que o número 894 000 está localizado entre os pontos C e D.

Localize aproximadamente a posição dos números a seguir na reta.

a) 908 100 _____

b) 939 399 _____

c) 877 121 _____

d) 915 033 _____

8 Observe o anúncio que foi publicado no jornal da cidade.

Caso uma pessoa compre esse carro com os acessórios, quantos reais gastará?

Vende-se carro
Valor do carro: R$ 105.000,00
+
Acessórios: R$ 7.000,00

_____

9 Um terreno no valor de R$ 452.000,00 está à venda. O proprietário dá um desconto de R$ 12.000,00 se a pessoa comprar esse terreno à vista.

Qual é o valor desse terreno à vista?

_____

10 Resolva as adições a seguir utilizando o procedimento que achar mais adequado.

a) 946 + 377 = _____

c) 9 920 + 1 430 = _____

b) 227 + 824 = _____

d) 57 338 + 269 644 = _____

11 Neste fim de semana, 245 pessoas a mais foram ao cinema da cidade em relação à quantidade do fim de semana passado. Sabendo que no fim de semana passado 2 346 pessoas foram ao cinema, quantas pessoas foram ao cinema neste fim de semana?

_____

12 Sabrina fez duas compras: gastou R$ 486,00 em uma e R$ 257,00 em outra. Para saber o total gasto, ela adicionou da seguinte maneira:

486 + 257 =

aumentou 14 na 1ª parcela   diminuiu 14 na 2ª parcela

500 + 243 = 743

Responda:

a) Em sua opinião, o resultado da adição será o mesmo?

_____

b) Por que motivo Sabrina adicionou 14 na primeira parcela?

_____
_____
_____

13 Beatriz e sua família foram passar um mês em uma praia. O custo total do passeio foi de R$ 3.876,00. O pai de Beatriz havia previsto que gastariam R$ 5.000,00. Para descobrir quanto foi economizado, Beatriz fez o seguinte cálculo:

```
5 000 − 3 876

5 000 − 1 (diminuiu 1 do minuendo) ⟶     4 999
3 876 − 1 (diminuiu 1 do subtraendo) ⟶  − 3 875
                                          1 124
```

- O procedimento utilizado por Beatriz facilitou o cálculo? Justifique.

_____

14 Utilize o mesmo procedimento que Beatriz usou no item 13 para obter os resultados das subtrações.

a) 9 000 − 4 576 = _____

b) 10 000 − 7 862 = _____

c) 70 000 − 34 866 = _____

d) 40 000 − 22 797 = _____

15 Responda às perguntas a seguir sobre adição e subtração.

a) Em uma adição de duas parcelas, se aumentarmos uma delas em 100 e diminuirmos a outra em 100, o que ocorre com o resultado?

_____

b) Em uma subtração, se aumentarmos tanto o minuendo quanto o subtraendo em 200, o que ocorre com o resultado?

_____

c) A soma da idade de duas pessoas hoje é 100 anos. Qual será a soma da idade dessas duas pessoas daqui a 3 anos?

_____

d) A diferença entre a idade de duas pessoas hoje é 10 anos. Qual será essa diferença daqui a 10 anos?

_____

Desafio

1 Então, conseguiu resolver o desafio do início da unidade? Você o fez individualmente ou com a ajuda de alguém?

Agora, propomos um desafio um pouco diferente. No quadrado mágico representado a seguir, os números que estão em cada linha e em cada coluna somam 340. O desafio é descobrir, além dos números das linhas e das colunas, outros quatro números situados dentro do quadrado cuja soma seja 340. Importante: devem ser 4 números!

160	30	20	130
50	100	110	80
90	60	70	120
40	150	140	10

Ilustrações: DAE

Para ir mais longe

Livro

Editora Globo

▶ **Aritmética da Emília**, de Monteiro Lobato. Rio de Janeiro: Globo, 2009.

O Visconde de Sabugosa está pensativo. Ele queria inventar uma viagem que fosse ainda mais bonita que a anterior, aquele célebre passeio ao País da Gramática.

Pensou, pensou, pensou por uma semana e... "Heureca!" O nosso sábio se lembrou do *País dos Números*.

O texto acima é de uma edição antiga do livro desse famoso escritor brasileiro. Agora, numa nova edição, a história vai despertar cada vez mais a curiosidade a respeito dos números.

UNIDADE 2
Frações

"PARA COMEÇAR, PRECISAMOS DE UM QUADRADO DE PAPEL."

Para fazer a dobradura de balão dona Lourdes explica aos netos que é necessário um quadrado de papel.

▸ Como podemos obter esse quadrado se só temos disponíveis folhas de papel retangular? Dica: só podemos fazer duas dobras e um corte!

Utilizando frações

Antes de fazer uma viagem de carro, é preciso tomar alguns cuidados:
- escolher o caminho mais seguro;
- observar os pneus do carro;
- verificar os freios;
- verificar o nível de combustível do carro etc.

Observe o medidor de combustível do carro de Cibele em três momentos de uma viagem.

▶ 1º momento:
Cibele, antes de iniciar a viagem, parou no posto para abastecer.

▶ 2º momento:
O tanque está cheio, e Cibele começou a viagem.

▶ 3º momento:
Cibele chegou ao final da viagem.

O ponteiro vermelho representa o nível de combustível no carro de Cibele. Converse com os colegas sobre as respostas das seguintes perguntas:
- O que indica o ponteiro vermelho no 1º momento?
- E no 2º momento?
- O carro de Cibele gastou nesta viagem mais de **meio tanque** ou menos de meio tanque?
- Para que haja meio tanque de combustível, o medidor vermelho deve estar em que posição?

Vamos estudar um pouco as frações!

Para começar, descubra como você pode dividir uma folha em 16 partes iguais utilizando somente dobraduras. Troque ideias com os colegas.

A ideia inicial de fração

Observe estes três copos de mesmo tamanho.

O copo cheio representa 1 inteiro, e o copo vazio 0.

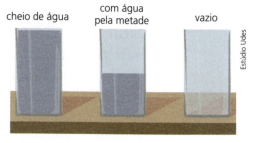

O segundo copo está pela metade, e a quantidade de água pode ser representada pela **fração**: $\frac{1}{2}$.

O número 2 na fração significa em quantas partes o copo está igualmente dividido, e o número 1 significa que uma dessas partes contém líquido.

Para explicar um pouco melhor as frações, o professor desenhou na lousa um retângulo, dividiu-o em partes iguais e coloriu uma delas.

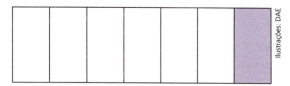

◆ Complete a fração que representa a parte colorida do retângulo.

___ ⟹ Parte colorida do retângulo.
⟹ Total de partes em que o retângulo foi dividido.

Depois, o professor coloriu mais algumas partes do retângulo.

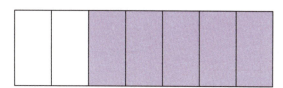

Podemos dizer que cinco das sete partes do retângulo foram coloridas, ou seja, $\frac{5}{7}$ do retângulo estão coloridos. Quando escrevemos essa fração, os números 5 e 7 representam:

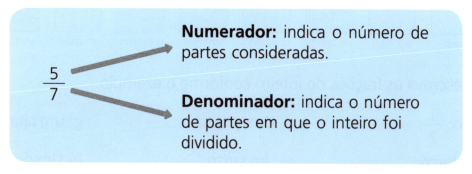

Lemos: cinco sétimos.

1 Leia o texto e faça o que se pede.

[...]

– Ótimo! – exclamou de repente o Visconde. – Esta melancia veio mesmo a propósito para ilustrar o que eu ia dizer. Ela era um **Inteiro**. Tia Nastácia picou-a em pedaços, ou **Frações**. As Frações formam justamente a parte da Aritmética de que eu ia tratar agora.

– Se pedaço de melancia é Fração, vivam as Frações! – gritou Pedrinho.

– Pois fique sabendo que é – disse o Visconde. – Uma melancia inteira é uma unidade. Um pedaço de melancia é uma fração dessa unidade. Se a unidade, ou a melancia, for partida em dois pedaços, esses dois pedaços formam duas Frações – **dois Meios**. Se for partida em três pedaços, cada pedaço é uma fração igual a **um Terço**. Se for partida em quatro pedaços, cada pedaço é uma fração igual a **um Quarto**. Se for partida em cinco pedaços, cada pedaço é uma fração igual a **um Quinto**. Se for partida em seis pedaços, cada pedaço é **um Sexto**. Se for partida em sete pedaços, cada pedaço é **um Sétimo**. Se for partida em oito pedaços, cada pedaço é **um Oitavo**. Se for partida em nove pedaços, cada pedaço é **um Nono**. Se for partida em dez pedaços, cada pedaço é **um Décimo**.

[...]

Monteiro Lobato. *Aritmética da Emília*. São Paulo: Globo, 2009. p. 80.

No texto que você leu, o inteiro era a melancia. Imagine agora que o inteiro é um retângulo, no qual podemos indicar as frações de acordo com as partes coloridas. O retângulo, em cada exemplo, foi dividido em partes iguais.

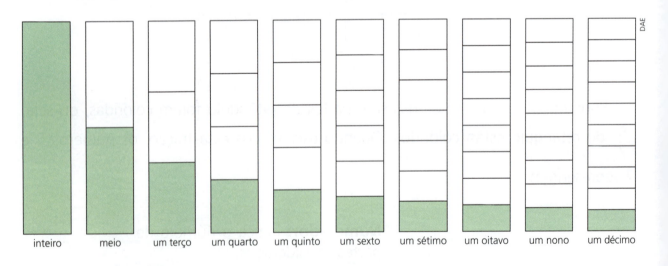

Agora escreva as frações do inteiro conforme o exemplo.

a) Meio: $\frac{1}{2}$.

b) Um terço: _____.

c) Um quarto: _____.

d) Um quinto: _____.

e) Um sexto: _____.

f) Um sétimo: _____.

g) Um oitavo: _____.

h) Um nono: _____.

i) Um décimo: _____.

2 A mãe de Laura dividiu uma torta em 6 pedaços de mesmo tamanho, como na ilustração ao lado.

Laura comeu um pedaço. Qual fração da torta ela comeu?

_____

_____

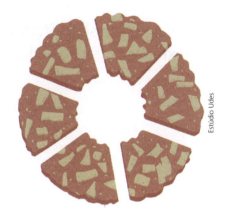

3 Marcos adora fazer *pizza* para sua família. Antes de servir a *pizza*, ele a dividiu em pedaços de mesmo tamanho.

a) Em quantas partes essa *pizza* foi dividida? _____

b) Se alguém comer um desses pedaços, qual fração da *pizza* terá comido? _____

c) Como você lê a resposta do item anterior? _____

4 Utilize uma folha de papel em branco para fazer o que se pede.

a) Siga as indicações e faça as seguintes dobras:

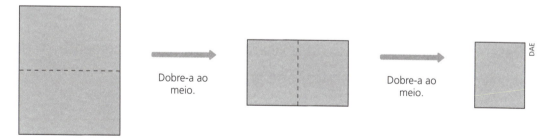

b) Desdobre a folha e pinte 3 das 4 partes em que a folha ficou dividida.

c) Qual fração da folha você coloriu? E qual fração da folha ficou em branco?

_____

5 As figuras a seguir foram divididas em partes iguais. Escreva, em números e por extenso, a fração da figura que está colorida.

a)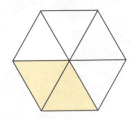

b)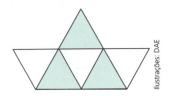

Fração em números: _____.

Fração em números: _____.

Por extenso: _____.

Por extenso: _____.

6 Você gosta de bolo de banana? A receita a seguir é de um bolo de banana com canela. Leia-a atentamente.

Ingredientes:
- 2 bananas nanicas;
- 2 ovos grandes inteiros;
- $\frac{3}{4}$ de xícara de óleo;
- 1 colher de chá de canela em pó;
- 2 xícaras de farinha de trigo;
- 1 xícara de açúcar mascavo;
- 1 xícara de açúcar branco;
- 1 colher (sopa) de fermento em pó;
- $\frac{1}{2}$ xícara de granola.

a) Indique as frações citadas na receita: _____.

b) Desenhe no quadro abaixo duas xícaras. Na primeira represente $\frac{3}{4}$ de xícara de óleo e na segunda, $\frac{1}{2}$ xícara de granola.

7 Escreva como lemos cada fração abaixo.

a) $\dfrac{2}{9}$ → _____

b) $\dfrac{3}{10}$ → _____

c) $\dfrac{3}{4}$ → _____

d) $\dfrac{8}{3}$ → _____

e) $\dfrac{15}{2}$ → _____

f) $\dfrac{5}{7}$ → _____

g) $\dfrac{100}{3}$ → _____

h) $\dfrac{2}{5}$ → _____

i) $\dfrac{3}{6}$ → _____

j) $\dfrac{5}{8}$ → _____

8 Ligue cada figura à fração correspondente à parte colorida.

a)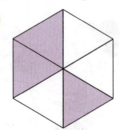

b)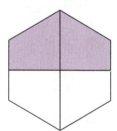

c)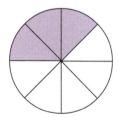

d)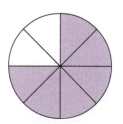

$\dfrac{2}{4}$

$\dfrac{9}{18}$

$\dfrac{6}{8}$

$\dfrac{5}{12}$

$\dfrac{3}{6}$

$\dfrac{2}{8}$

$\dfrac{3}{8}$

$\dfrac{12}{18}$

e)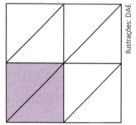

f)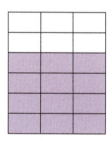

g)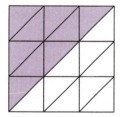

h)

9 Para cada figura dividida em partes iguais a seguir, escreva uma fração que represente a parte colorida.

Fração colorida						
Leitura da fração						

10 Responda:

a) Numa atividade de Educação Física, o professor colocou 6 meninas e 4 meninos em um mesmo grupo. Que fração do grupo as meninas representam? E os meninos?

_____

_____

_____

_____

b) Quantas horas há em um dia inteiro? E em meio dia?

_____

c) Uma jarra cheia de suco de laranja foi totalmente dividida em 8 copos cheios e de mesmo tamanho. Se uma pessoa tomar 1 desses copos, que fração do total de suco ela terá tomado?

_____

d) Uma hora tem 60 minutos. Quantos minutos há em $\frac{1}{4}$ de hora?

_____

Comparação de frações

O pai de Elizângela e a mãe de Fábio são artistas plásticos e se ofereceram para pintar um painel na sala de artes da escola. Para organizar a pintura do painel eles o dividiram em 10 partes. O pai de Elizângela pintou 4 das 10 partes do painel, e a mãe de Fábio pintou 6 partes.

pai de Elizângela: $\frac{4}{10}$ do painel

mãe de Fábio: $\frac{6}{10}$ do painel

Comparando as partes que cada um pintou, podemos dizer que a parte que o pai de Elizângela pintou é _____ do que a parte que a mãe de Fábio pintou.

Para fazer comparações entre frações de um inteiro, vamos considerar as partes que o pai de Elizângela e a mãe de Fábio pintaram.

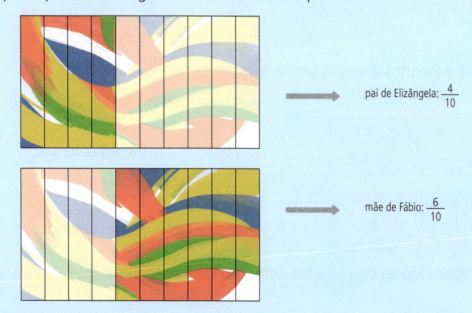

pai de Elizângela: $\frac{4}{10}$

mãe de Fábio: $\frac{6}{10}$

$\frac{4}{10} < \frac{6}{10}$ (4 décimos é menor que 6 décimos) ou $\frac{6}{10} > \frac{4}{10}$ (6 décimos é maior que 4 décimos)

1 O retângulo a seguir está dividido em 8 partes iguais. Nesse retângulo, faça o que se pede.

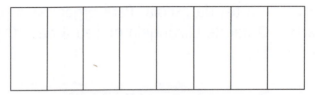

a) Represente em vermelho $\frac{2}{8}$ do retângulo.

b) Represente em verde $\frac{5}{8}$ do retângulo.

c) Qual das frações coloridas do retângulo é maior? _____

2 As perguntas a seguir são para você pensar e conversar com os colegas sobre as respostas.

a) Em que situação a metade de um melão é maior que a metade de outro melão?

_____

_____

b) Como você pode dividir uma fita de papel em quatro partes iguais sem utilizar régua?

_____

3 Os dois desenhos a seguir têm o mesmo tamanho. Escreva as frações que indicam as partes coloridas.

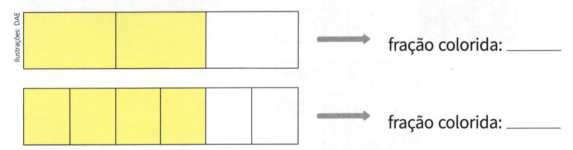

fração colorida: _____

fração colorida: _____

◆ Comparando as duas partes coloridas dos retângulos, qual é sua conclusão?

_____

_____

_____

4 Escreva a fração correspondente às partes coloridas das figuras de mesmo tamanho.

a) ____

b) ____

c) ____

d) ____

5 Observe as figuras da atividade anterior e complete com > (maior que) ou < (menor que).

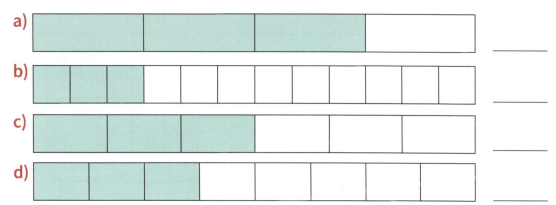

a) $\dfrac{3}{4}$ ____ $\dfrac{3}{12}$

b) $\dfrac{3}{6}$ ____ $\dfrac{3}{8}$

c) $\dfrac{3}{8}$ ____ $\dfrac{3}{4}$

d) $\dfrac{3}{6}$ ____ $\dfrac{3}{12}$

e) $\dfrac{3}{12}$ ____ $\dfrac{3}{8}$

f) $\dfrac{3}{4}$ ____ $\dfrac{3}{6}$

6 Observe as frações.

$\dfrac{7}{10}$

$\dfrac{9}{10}$

$\dfrac{5}{10}$

$\dfrac{2}{10}$

$\dfrac{4}{10}$

a) Escreva as frações acima em ordem crescente, usando o símbolo < (menor que).

____

b) Agora, escreva as frações em ordem decrescente, usando o símbolo > (maior que).

____

Setenta e um 71

7 Observe agora outras frações de uma mesma unidade.

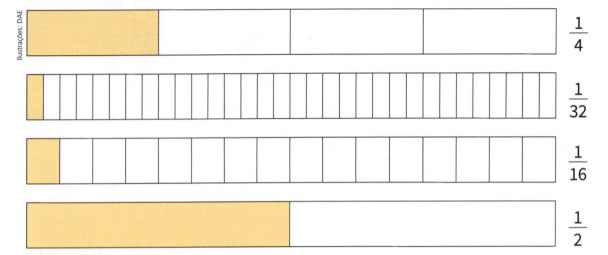

a) Escreva as frações em ordem decrescente, usando o símbolo > (maior que).

_____

b) Agora escreva as frações em ordem crescente, usando o símbolo < (menor que).

_____

8 Os dois retângulos são de mesmo tamanho. Pinte as partes conforme frações indicadas ao lado de cada figura.

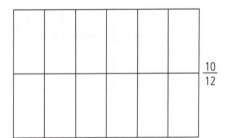
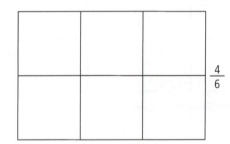

Agora, responda: Qual é maior, $\frac{10}{12}$ ou $\frac{4}{6}$? _____

9 Responda às questões abaixo.

a) Qual fração do dia representa 1 hora? _____

b) Que fração do mês de dezembro equivale a 1 dia? _____

c) Que fração do ano representa 1 semestre? _____

10 A família está reunida para um lanche especial. Observe a situação abaixo e responda às questões.

a) Se o número 1 representa a pizza inteira, como você pode representar o correspondente a uma das quatro partes em que a pizza da direita está dividida?

_____

_____

b) Se cada um comer a mesma quantidade de pedaços de pizza, quanto será destinado a cada pessoa?

_____

_____

_____

_____

11 Os três círculos têm o mesmo tamanho. O primeiro foi dividido em 2 partes iguais, o segundo em 4 partes iguais e o terceiro em 8 partes iguais.

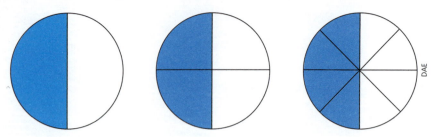

a) É correto dizer que nos 3 círculos a parte colorida tem o mesmo tamanho da parte em branco? _____

b) Qual fração representa a parte colorida em cada um dos 3 círculos?
_____

c) Comparando a parte colorida em cada um dos 3 círculos, qual é sua conclusão?
_____

12 Esta é para você pensar! Como você faria para deixar dois copos de mesmo tamanho com água pela metade? Caso descubra, mostre à turma na prática. Depois explique como você pensou.

13 Uma fita foi dividida em 10 partes iguais. Observe e responda à questão.

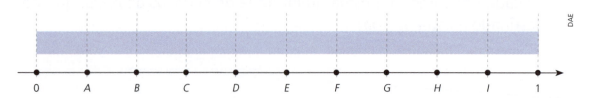

Se na reta temos o número zero à esquerda e o número 1 à direita, que frações do inteiro os pontos A, B, C, D, E, F, G, H e I representam?

_____
_____

Vamos dividir a unidade em 2, 3, 4 e 5 partes iguais. Acompanhe:

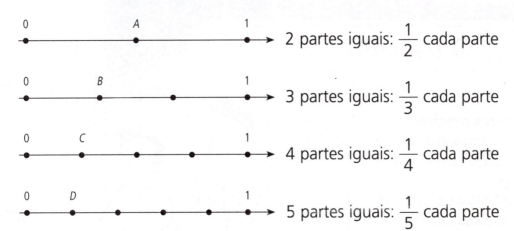

- Escreva a fração correspondente a cada ponto.

A = _____ B = _____ C = _____ D = _____

14 A reta a seguir está dividida igualmente de 0 a 2. Faça o que se pede.

a) Represente na reta o número 1 (um).

b) Represente na reta a fração correspondente a $\frac{1}{10}$ (um décimo) da unidade.

c) Se o 3º ponto da esquerda para a direita representa a fração $\frac{2}{10}$ e o 4º ponto representa a fração $\frac{3}{10}$, que fração é representada pelo ponto que está exatamente na metade da distância entre 0 e 1? _____

d) Represente na reta a fração correspondente a $\frac{14}{10}$ (catorze décimos) da unidade.

15 Considere que a distância entre 0 e 1 foi dividida em duas partes iguais na reta a seguir.

Qual é a fração representada pelo ponto que indica a divisão dessa distância?

_____

Como eu vejo
O trabalho voluntário

Às vezes precisamos nos unir para atender às pessoas que precisam de auxílio.

O trabalho voluntário promove essa união e possibilita essa ajuda, sempre atendendo ao que elas mais necessitam.

É IMPORTANTE QUE TODOS OS VOLUNTÁRIOS ESTEJAM IDENTIFICADOS E SAIBAM DIRECIONAR OS VISITANTES AOS POSTOS DE SERVIÇOS.

Convide profissionais, como dentista, psicólogo, advogado, cabeleireiro etc., a atender às pessoas. Eles podem intercalar os horários para que os diversos atendimentos estendam-se ao longo do dia.

Sejam Bem-Vindos

Aproveite para alertar que algumas pessoas passam necessidades e não têm o que comer no dia a dia. O movimento de compartilhar o que temos deve ser um exercício diário.

Elabore atividades recreativas para as crianças pequenas, como teatro, brincadeiras de roda ou contação de histórias, assim seus pais podem ser atendidos em outros postos.

Quando o inverno chega, aparecem muitas campanhas do agasalho, contudo, o frio pode vir a qualquer época do ano! Doe roupas e sapatos que não são mais usados, para que outros também possam manter-se aquecidos.

1. Que profissionais você convidaria para atender sua comunidade? Como você faria para descobrir as necessidades dessas pessoas?

2. Se uma receita de sopa rende 3 litros e você quer 50 porções de 250 mL, quantas receitas terá de fazer?

Setenta e sete 77

Como eu transformo
Toda ajuda é bem-vinda

 Arte
 História
 Geografia
 ABC Língua Portuguesa

O que vamos fazer?
Elaborar um Guia Solidário que contenha as instituições beneficentes da região.

Para que fazer?
Para divulgar essas instituições e, com essa ação, ajudá-las a conseguir colaboradores.

Com quem fazer?
Com os colegas, o professor e os responsáveis por essas instituições.

Como fazer?

1. Pesquise no mapa dos arredores da escola instituições beneficentes e, caso não as encontre, expanda sua pesquisa por toda a cidade.

2. Cada grupo ficará responsável por uma instituição e deverá encontrar os dados dela, incluindo nome e contato dos responsáveis.

3. Procurem programar uma visita à instituição para entrevistar o responsável pessoalmente. Caso não seja possível, façam a entrevista por telefone, carta ou *e-mail*. Lembrem-se de preparar um roteiro para a entrevista com perguntas que sejam úteis para a elaboração do guia.

4. Elaborem, com os colegas e o professor, o Guia Solidário. Para isso, organizem as informações em fichas, enumerem-nas e montem um sumário para facilitar a localização das instituições e a identificação da área de atuação de cada uma.

5. Juntos, pensem em estratégias para a divulgação dos guias.

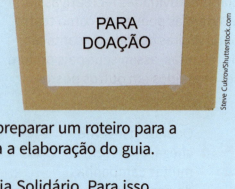
Steve Cukrov/Shutterstock.com

Em sua opinião, o trabalho voluntário é importante? Por quê?

Frações de quantidades

Todos os alunos se juntaram, arrecadaram um pouco de dinheiro e compraram um presente para o professor: uma caixa com 36 carimbos.

O professor agradeceu e disse que ia ficar apenas com $\frac{1}{3}$ do total de carimbos. O restante ele distribuiria aos alunos.

Responda oralmente:

- Como você pode calcular a quantidade de carimbos que ficaram com o professor?

Quando você calcula $\frac{1}{3}$ de uma quantidade, encontra a terça parte dessa quantidade. Uma maneira de compreender como isso é feito é dividir os 36 carimbos igualmente em 3 grupos. Assim, a terça parte de 36 é a quantidade de carimbos que fica em um desses grupos. Como 36 ÷ 3 = 12, temos:

Observando a situação anterior, complete:

- $\dfrac{1}{3}$ de 36 = _____

- $\dfrac{1}{3}$ de 36 carimbos corresponde a _____ carimbos. Essa foi a quantidade de carimbos que ficou com o professor.

- Portanto, sobraram _____ carimbos para a turma.

Quando você calcula a fração de uma quantidade, o denominador indica em quantas partes iguais deve separar a quantidade. Já o numerador indica quantas dessas partes serão consideradas.

| $\dfrac{2}{3}$ de 36 | → | Separamos 36 em **3** grupos com a mesma quantidade: $36 \div 3 = 12$ | → | Consideramos **2** desses 3 grupos, isto é: $2 \times 12 = 24$ |

Complete: $\dfrac{2}{3}$ de 36 = _____

Pode-se também utilizar desenhos para representar essa situação. Cada círculo abaixo representa 1 aluno.

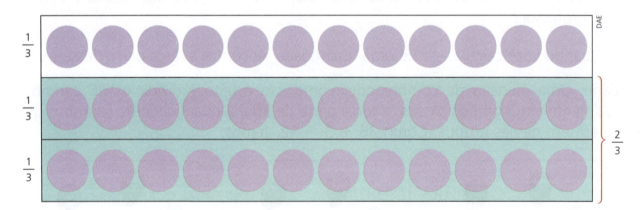

$$\dfrac{1}{3} \text{ de } 36 = 36 \div 3 = 12$$

$$\dfrac{2}{3} \text{ de } 36 = 2 \times 12 = 24$$

Assim, para calcular a fração de uma quantidade:
- dividimos essa quantidade pelo denominador da fração e multiplicamos o resultado obtido pelo numerador.

1 A turma foi organizada em 5 grupos com a mesma quantidade de alunos em cada grupo.

a) Quantos alunos há em cada grupo? _____

b) Qual é o total de alunos da turma? _____

c) Cada grupo representa qual fração da turma? _____

2 Calcule as frações das quantidades.

a) $\dfrac{1}{10}$ de 500 = _____

b) $\dfrac{1}{4}$ de 88 = _____

c) $\dfrac{2}{3}$ de 39 = _____

d) $\dfrac{2}{5}$ de 40 = _____

e) $\dfrac{2}{7}$ de 21 = _____

f) $\dfrac{3}{8}$ de 16 = _____

g) $\dfrac{4}{5}$ de 40 = _____

h) $\dfrac{7}{9}$ de 36 = _____

3 Observe o desenho de uma sala de aula com 30 carteiras dispostas em 5 filas de frente para a mesa da professora. Pinte $\frac{3}{5}$ dessas carteiras de vermelho e $\frac{2}{5}$ de azul.

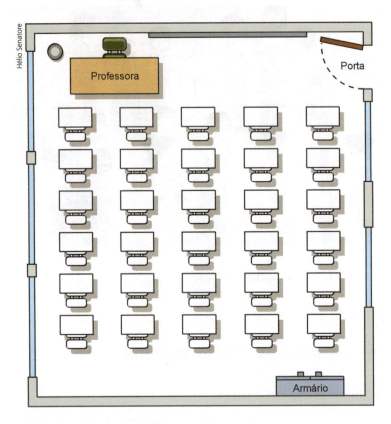

Agora, complete:

a) $\frac{3}{5}$ de 30 carteiras corresponde a _____ carteiras;

b) $\frac{2}{5}$ de 30 carteiras corresponde a _____ carteiras.

4 Calcule a fração de quantidade de cada item.

a) $\frac{2}{5}$ de 10 = _____

b) $\frac{3}{4}$ de 12 = _____

c) $\frac{4}{6}$ de 18 = _____

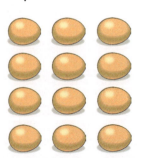
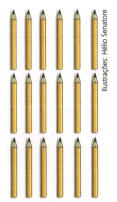

5 Quando Patrícia precisa calcular a fração de uma quantidade, ela desenha. Observe como ela fez para calcular $\frac{2}{5}$ de 30.

- Desenhou 30 bolinhas e as separou, de acordo com o denominador, em 5 grupos com a mesma quantidade de bolinhas.

- Complete: $\frac{2}{5}$ de 30 = _____.

6 No caderno, faça desenhos como Patrícia e, depois, escreva as quantidades encontradas.

a) $\frac{1}{6}$ de 24 = _____

b) $\frac{3}{5}$ de 25 = _____

c) $\frac{2}{3}$ de 21 = _____

d) $\frac{3}{4}$ de 28 = _____

7 Imagine que a fita desenhada a seguir tenha 18 cm de comprimento. Ela será dividida em 6 partes de mesmo tamanho.

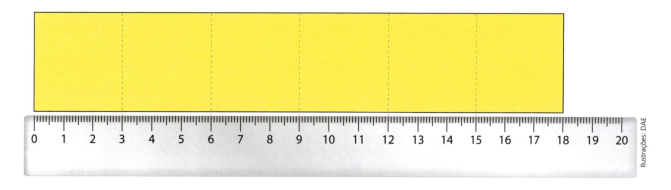

a) Quantos centímetros terá cada uma das partes?

_____

b) Qual é a medida correspondente a $\frac{1}{6}$ de 18 centímetros?

_____

c) Quantos centímetros há em $\frac{5}{6}$ dessa fita?

_____

8 Observe apenas o ponteiro dos minutos de um relógio em três momentos diferentes.

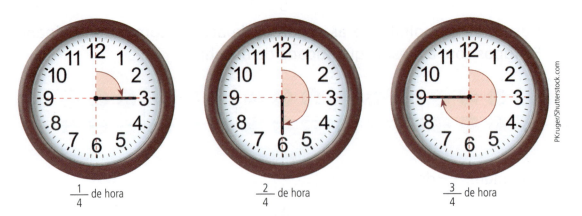

$\frac{1}{4}$ de hora $\frac{2}{4}$ de hora $\frac{3}{4}$ de hora

a) Lúcia fez uma atividade de Geografia em $\frac{1}{4}$ de hora. Em quantos minutos ela fez essa atividade? _____

b) Marília, em $\frac{2}{4}$ de hora, leu 10 páginas de um livro. Em quantos minutos ela leu essas páginas? _____

c) Uma aula tem a duração de $\frac{3}{4}$ de hora. A quantos minutos corresponde essa fração da hora? _____

9 Esta é a quantia que a mãe de Paula economizou no final de ano:

a) Ela gastou $\frac{1}{4}$ com presentes. O que corresponde a: _____.

b) Ela ainda utilizou $\frac{1}{2}$ do que sobrou para comprar alimentos em um supermercado. Quantos reais ela gastou no supermercado? _____

10 Complete as lacunas. Lembre-se de que 100 cm = 1 m e 10 mm = 1 cm.

a) $\frac{1}{100}$ de 1 m = $\frac{1}{100}$ de _____ cm = _____ cm

b) $\frac{1}{10}$ de 1 cm = $\frac{1}{10}$ de _____ mm = _____ mm

11 Observe as duas notas de real e a moeda.

Os elementos não estão representados em proporção.

a) Qual é a quantia correspondente a $\frac{1}{100}$ de 100 reais? _____

b) Qual é a quantia correspondente a $\frac{1}{10}$ de 100 reais? _____

c) A que fração de 10 reais 1 real corresponde? _____

12 Elabore e resolva um problema que envolva $\frac{1}{100}$ de uma distância em metros.

Enunciado: _____

_____

_____

Resolução:

Resposta: _____

Oitenta e cinco **85**

Noções: adição e subtração de frações

Uma surpresa muito boa foi reservada para o fim de semana. A mãe de Luíza resolveu fazer uma sobremesa de que a filha gosta muito: curau de milho.

Todos que estavam em casa adoraram a surpresa. Para servir o curau, a mãe de Luíza dividiu-o em 8 pedaços, como representado na figura.

Não demorou muito para que todos começassem a comer:

- Luíza comeu 2 pedaços;
- a mãe de Luíza comeu 1 pedaço;
- o pai de Luíza comeu 3 pedaços.

Responda oralmente e converse com os colegas:

- Quais frações do curau cada um deles comeu?
- Qual fração do curau sobrou?

Adicionando as quantidades de pedaços do curau que Luíza, sua mãe e seu pai comeram, temos 6 dos 8 pedaços. Como cada pedaço é uma fração do curau, temos:

$$\frac{6}{8} \text{ do curau foram comidos} \longrightarrow \begin{cases} \frac{2}{8}: \text{Luíza} \\ \frac{1}{8}: \text{mãe} \\ \frac{3}{8}: \text{pai} \end{cases}$$

Ao adicionarmos pedaços do curau, fazemos a adição de frações do curau:

2 pedaços + 1 pedaço + 3 pedaços = 6 pedaços

ou

$$\frac{2}{8} + \frac{1}{8} + \frac{3}{8} = \frac{6}{8}$$

Para saber quantos pedaços sobraram basta subtrair dos 8 pedaços os 6 que foram comidos:

8 pedaços − 6 pedaços = 2 pedaços

ou

$$\frac{8}{8} - \frac{6}{8} = \frac{2}{8}$$

1 Complete as adições de acordo com a representação nas figuras.

a)  ⟶ $\dfrac{1}{4} + \dfrac{3}{4} =$

b) 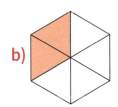 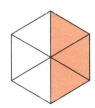 ⟶ $\dfrac{2}{6} + \dfrac{3}{6} =$

c) 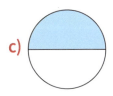 ⟶ $\dfrac{1}{2} + \dfrac{2}{2} =$

d) 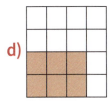 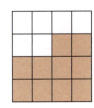 ⟶ $\dfrac{6}{16} + \dfrac{10}{16} =$

e) 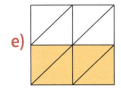 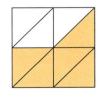 ⟶ $\dfrac{4}{8} + \dfrac{5}{8} =$

2 Efetue as adições de frações.

a) $\dfrac{1}{3} + \dfrac{1}{3} =$

b) $\dfrac{4}{9} + \dfrac{2}{9} =$

c) $\dfrac{10}{7} + \dfrac{3}{7} =$

d) $\dfrac{5}{10} + \dfrac{8}{10} =$

e) $\dfrac{2}{6} + \dfrac{1}{6} + \dfrac{3}{6} =$

f) $\dfrac{2}{5} + \dfrac{4}{5} + \dfrac{1}{5} =$

g) $\dfrac{6}{15} + \dfrac{2}{15} + \dfrac{1}{15} =$

h) $\dfrac{3}{20} + \dfrac{4}{20} + \dfrac{10}{20} =$

3 Efetue as subtrações de frações.

a) $\dfrac{7}{2} - \dfrac{4}{2} =$

b) $\dfrac{9}{4} - \dfrac{5}{4} =$

c) $\dfrac{8}{15} - \dfrac{2}{15} =$

d) $\dfrac{10}{10} - \dfrac{7}{10} =$

e) $\dfrac{20}{12} - \dfrac{8}{12} =$

f) $\dfrac{9}{5} - \dfrac{3}{5} =$

g) $\dfrac{6}{7} - \dfrac{1}{7} =$

h) $\dfrac{2}{3} - \dfrac{1}{3} =$

4 Faça como no exemplo para calcular o que falta pintar.

$1 - \dfrac{8}{10} = \dfrac{10}{10} - \dfrac{8}{10} = \dfrac{2}{10}$

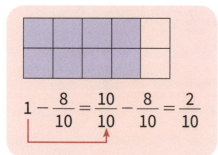

a) $1 - \dfrac{4}{9} =$

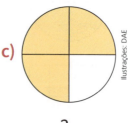

c) $1 - \dfrac{3}{4} =$

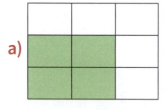

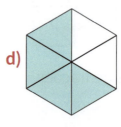

d) $1 - \dfrac{4}{6} =$

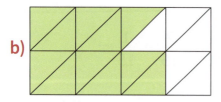

b) $1 - \dfrac{11}{16} =$

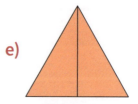

e) $1 - \dfrac{2}{2} =$

5 O quadrado a seguir foi dividido em partes iguais e, depois, colorido. Observe:

a) A fração $\dfrac{9}{9}$ representa qual parte desse quadrado?

_____

b) Qual fração do quadrado está colorida? _____

c) O que representa a fração $\dfrac{2}{9}$ na figura?

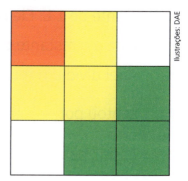

_____

6 Na atividade anterior cada cor indica uma fração do quadrado que foi colorido.

a) Escreva a fração correspondente a cada cor e, em seguida, uma soma que indique a fração total colorida do quadrado. _____

b) Represente por meio de uma subtração a parte que não está colorida no quadrado. _____

7 Complete:

a) $\dfrac{1}{4} + \dfrac{2}{4} =$ _____

b) $\dfrac{9}{10} - \dfrac{7}{10} =$ _____

c) $\dfrac{2}{5} + \dfrac{3}{5} =$ _____

d) $\dfrac{5}{8} - \dfrac{3}{8} =$ _____

8 Observe o retângulo a seguir, dividido em 10 partes iguais. Depois complete os itens:

a) A fração _____ representa a parte do retângulo que foi colorida de verde.

b) A parte que está em azul representa _____ do retângulo.

c) A fração _____ representa a parte do retângulo que foi colorida de vermelho.

d) $\dfrac{3}{10} + \dfrac{5}{10} + \dfrac{2}{10} =$ _____

9 Ao fazer uma receita de pão caseiro, Ariel usa um recipiente de 1 L. Ele preenche $\frac{1}{4}$ desse recipiente com leite e o restante com água.

Ariel dividiu o recipiente em 4 partes iguais e o representou por: $\frac{4}{4} = 1$.

Assim, para saber a fração do recipiente que precisa completar com água, ele fez:

$$1 - \frac{1}{4} = \frac{4}{4} - \frac{1}{4} = \frac{3}{4}$$

Faça como Ariel para descobrir o resultado das subtrações a seguir.

a) $1 - \frac{3}{8} =$ _____

b) $1 - \frac{4}{10} =$ _____

10 Pedro dividiu um retângulo em 4 partes iguais e depois coloriu $\frac{3}{4}$ desse retângulo. Veja como ele fez:

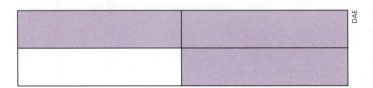

a) Utilizando régua, desenhe um retângulo e divida-o em quatro partes iguais. Atenção: não vale fazer igual ao desenho de Pedro!

b) Pinte $\frac{3}{4}$ do retângulo que você desenhou acima.

c) Quanto do retângulo falta colorir? _____

11 Andreia dividiu uma fita de papel de 20 centímetros de comprimento em 5 partes iguais. Depois, coloriu essas partes, como ilustra a figura a seguir.

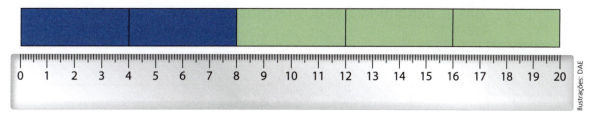

a) A parte azul corresponde a que fração da fita? _____

b) Qual medida corresponde a $\dfrac{2}{5}$ de 20 centímetros? _____

c) A parte verde corresponde a que fração da fita? _____

d) Qual medida corresponde a $\dfrac{3}{5}$ de 20 centímetros? _____

e) Qual é o resultado da adição $\dfrac{2}{5} + \dfrac{3}{5}$? _____

12 Resolva:

a) Neste mês Lúcia observou que $\dfrac{2}{7}$ de todo seu salário estavam sendo gastos com alimentação. Qual fração do salário sobra para as demais despesas?

_____

b) Sabemos que em um prédio residencial $\dfrac{3}{10}$ dos apartamentos têm 1 vaga na garagem e $\dfrac{6}{10}$ dos apartamentos têm 2 vagas na garagem. Os demais apartamentos não têm vaga na garagem. Qual fração representa os apartamentos sem garagem?

_____

Revendo o que aprendi

1 Complete com as denominações dos termos de uma fração.

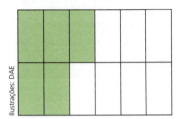 

Agora, responda às questões.

a) A figura foi dividida em quantas partes iguais? _____

b) Quantas dessas partes iguais foram coloridas? _____

c) Qual fração representa a parte não colorida? _____

2 Escreva como lemos cada uma das seguintes frações que representam as partes coloridas das figuras.

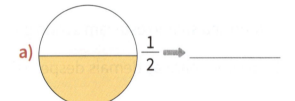 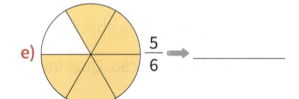

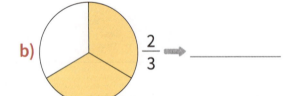 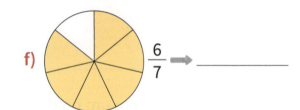

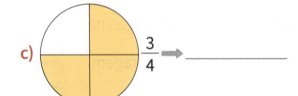 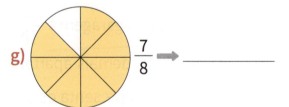

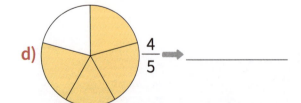 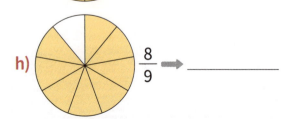

3 Utilizando uma régua, desenhe no caderno um retângulo e faça o que se pede.

a) Divida o retângulo em 8 partes iguais.

b) Pinte essas partes com as seguintes cores:

■ $\frac{1}{8}$ do retângulo;   ■ $\frac{2}{8}$ do retângulo;   ■ $\frac{3}{8}$ do retângulo.

c) O retângulo foi totalmente colorido? _____

d) Qual fração do retângulo foi colorida? _____

e) Qual fração do retângulo falta colorir? _____

4 Escreva por extenso cada fração a seguir.

a) $\frac{5}{7}$ _____   c) $\frac{2}{10}$ _____   e) $\frac{6}{8}$ _____

b) $\frac{4}{9}$ _____   d) $\frac{3}{6}$ _____   f) $\frac{2}{5}$ _____

5 Lúcia sempre gostou de colorir desenhos. Observe o desenho que ela está colorindo atualmente:

◆ Escreva uma fração que represente aproximadamente o que Lúcia já pintou do desenho. _____

6 Este é o indicador de combustível do carro de Raul. Como o carro está desligado, o ponteiro vermelho não indica a quantidade de gasolina.

a) Há mais gasolina no tanque do carro se o ponteiro indicar $\frac{1}{2}$ ou se indicar $\frac{1}{4}$? _____

b) O tanque cheio tem 48 litros de gasolina. Quantos litros há em $\frac{1}{4}$ do tanque?
_____

7 Marcos trocou 1 cédula de 20 reais por 4 cédulas de 5 reais.

a) Qual fração da quantia de Marcos corresponde a 1 cédula de 5 reais?
_____

b) Quantos reais correspondem a $\frac{2}{4}$ de 20 reais?
_____

c) Qual quantia representa $\frac{1}{2}$ de 20 reais?
_____

8 As 30 bolinhas foram divididas em 6 grupos com a mesma quantidade em cada um. Observe a figura e responda às questões.

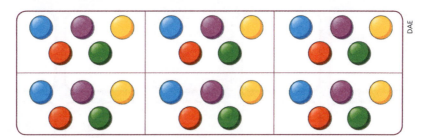

a) Quantas bolinhas correspondem a $\frac{1}{6}$ de 30 bolinhas? _____

b) Quantas bolinhas correspondem a $\frac{5}{6}$ de 30 bolinhas? _____

c) Agora, para calcular a fração de uma quantidade, dividimos a quantidade pelo _____ da fração e multiplicamos o quociente obtido pelo _____ da fração.

9 Calcule cada operação a seguir.

a) $\frac{2}{9} + \frac{2}{9} + \frac{3}{9} =$

b) $\frac{3}{20} + \frac{5}{20} =$

c) $\frac{9}{13} + \frac{2}{13} =$

d) $1 + \frac{1}{10} =$

e) $\frac{7}{9} - \frac{3}{9} =$

f) $\frac{31}{100} - \frac{10}{100} =$

g) $\frac{9}{15} - \frac{2}{15} =$

h) $1 - \frac{3}{8} =$

10 Responda às questões abaixo.

a) Como fazemos para adicionar duas ou mais frações com o mesmo denominador?

_____

_____

b) Como fazemos para subtrair duas frações com o mesmo denominador?

_____

_____

11 Observe a cartela de adesivos a seguir.

a) Quantos adesivos havia na cartela quando estava completa? _____

b) Qual fração da cartela já foi destacada? _____

c) Qual fração da cartela falta ser destacada? _____

d) Qual porção é maior: a que foi destacada ou a que falta ser destacada?

_____

12 Nas quatro garrafas de mesmo tamanho ao lado, a posição da seta indica o nível da água quando estão cheias. Observe as divisões em partes iguais de cada garrafa e o nível de água.

a) Qual garrafa está mais vazia?

_____

b) Qual garrafa está com $\dfrac{6}{7}$ de água? _____

c) Em qual garrafa faltam $\dfrac{2}{6}$ de água para enchê-la? _____

d) A garrafa com $\dfrac{5}{6}$ de água tem mais ou menos água que a garrafa com $\dfrac{6}{7}$? Justifique.

_____

_____

_____

13 Complete:

a) $\frac{1}{8}$ de 16 figurinhas corresponde a _____ figurinhas

b) $\frac{3}{5}$ de 10 kg de feijão é o mesmo que _____ kg de feijão

c) $\frac{2}{3}$ de 30 dias são _____ dias

d) _____ meses é a metade de um ano

Desafio

1 Ao iniciar a unidade você encontrou um desafio com dobraduras. Conseguiu resolvê-lo? Caso não tenha conseguido, retome o desafio. Logo depois, tente solucionar o desafio a seguir.

Você lembra do Tangram?

Entre suas 7 peças há triângulos de três tamanhos diferentes: **A**, **B** e **C**.

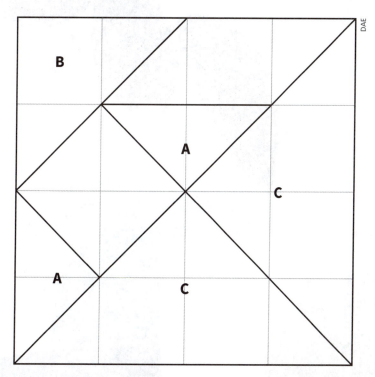

O desafio é você descobrir a qual fração do quadrado maior corresponde cada peça em forma de triângulo.

UNIDADE 3
Números decimais

- Eliane fez um experimento com uma balança de dois pratos. Em um dos pratos, ela colocou 2 maçãs e dois pesos e, no outro, 4 maçãs e um peso. Considerando que as maçãs têm o mesmo peso, escreva como Eliane pode determinar o peso de cada maçã.

Utilizando números com vírgula

Você já ouviu falar da modalidade esportiva salto com vara?

Nessa modalidade, o atleta corre segurando uma vara e, depois de certa distância percorrida, apoia a vara no chão e salta por cima de uma barra.

Observe, na ilustração, algumas etapas desse movimento.

Nas olimpíadas do Rio de Janeiro, realizadas em 2016, o Brasil se saiu muito bem na modalidade salto com vara. O brasileiro Thiago Braz da Silva ganhou a medalha de ouro.

A fotografia ao lado mostra o momento em que Thiago conseguiu não apenas ganhar a medalha de ouro, mas bater o recorde olímpico. Ele alcançou a altura de:

6,03 metros

O segundo colocado foi um atleta francês que conseguiu saltar a altura de:

5,98 metros

Nessas informações sobre salto com vara, duas medidas estão indicadas. Note que os números estão escritos com uma vírgula separando algarismos. Sobre esses números, responda oralmente:

- O brasileiro saltou mais de 6 metros? Se sim, quanto a mais?
  Dica: lembre-se de que um metro tem 100 centímetros.
- Já o atleta francês saltou um pouco menos do que 6 metros de altura. Quanto faltou para ele atingir a mesma altura que o brasileiro?
- Você conhece algum outro exemplo da utilização de números com vírgula?

Vamos ampliar agora nosso conhecimento a respeito de números. Os números que apresentam vírgula em sua representação são chamados **números decimais**.

Fração decimal e número decimal

O professor Carlos desenhou, numa cartolina, um círculo, dividiu-o em 10 partes iguais e, em cada parte, escreveu um número de 1 a 10, como mostra a figura. Depois fixou uma tachinha no centro do círculo, de modo que pudesse fazê-lo girar, e, finalmente, propôs um jogo à turma.

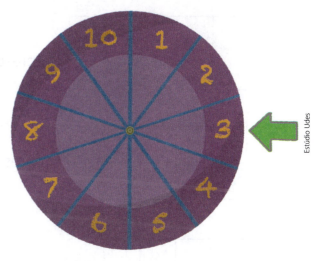

De um grupo de 10 alunos, cada um tinha de escolher um número de 1 a 10. O professor, então, girava a roleta. Quando ela parava, o número que estava na posição da seta era o vencedor.

Dizemos que cada um dos 10 alunos tinha 1 possibilidade de ganhar em 10 resultados possíveis. Podemos representar isso de duas maneiras:

$\dfrac{1}{10}$ ⟶ lemos um décimo

ou

0,1 ⟶ lemos um décimo

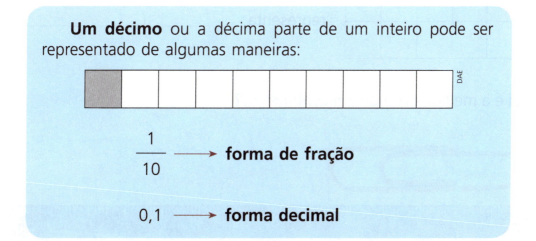

Um décimo ou a décima parte de um inteiro pode ser representado de algumas maneiras:

$\dfrac{1}{10}$ ⟶ **forma de fração**

0,1 ⟶ **forma decimal**

Agora complete:

◆ Na roleta, cada um dos 10 alunos tinha 9 possibilidades, em 10 resultados possíveis, de perder. Podemos representar isso na forma de fração como _____ e na forma decimal como _____.

1 Complete conforme o exemplo.

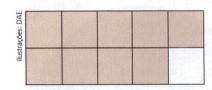 representa $\frac{9}{10}$ = 0,9 (nove décimos)

a) 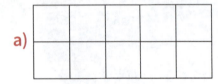 representa _____ (sete décimos)

b)  representa _____ (quatro décimos)

c) 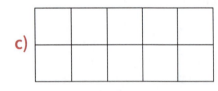 representa $\frac{6}{10}$ = 0,6 (_____)

d) 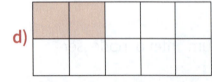 representa _____ (_____)

2 Qual é a medida do clipe em centímetros? _____

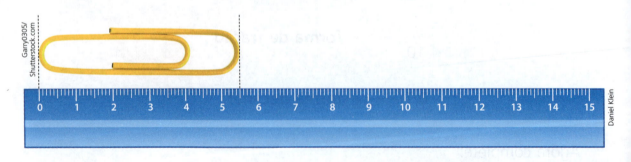

3 A sequência de números decimais representada a seguir tem um segredo. Você deve descobrir qual é esse segredo e escrever os números que faltam.

9,0 ➡ 9,2 ➡ 9,4 ➡ _____ ➡ _____ ➡ _____ ➡ _____

4 Divida o retângulo a seguir em 10 partes iguais e pinte de vermelho 5 décimos dele.

goodmoments/Shutterstock.com

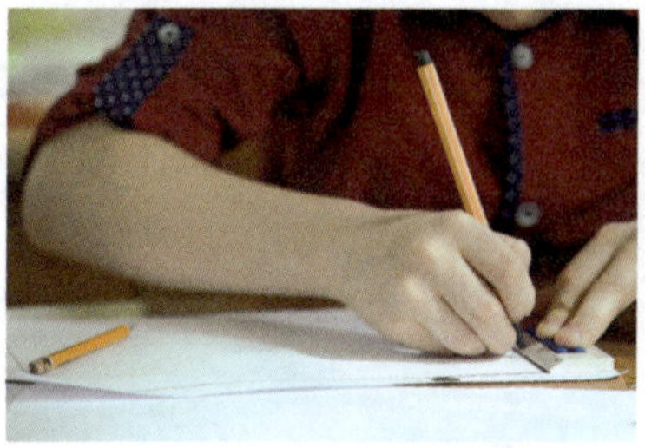

a) Você pintou de vermelho a metade, menos da metade ou mais da metade do retângulo? _______________

b) É correto dizer que 5 décimos de um inteiro é igual à metade desse inteiro?

____

5 Vamos fazer uma descoberta com o auxílio de uma calculadora? Aperte as seguintes teclas da calculadora:

[1] [÷] [2] [=]

a) Qual número apareceu no visor da calculadora? _______________

b) Para calcular a metade de 1 inteiro, o que devemos fazer? _______________

6 Observe os quatro quadrados desenhados a seguir. Utilize uma régua para obter a medida dos lados deles e, em seguida, complete.

Ilustrações: DAE

Quadrado	A	B	C	D
Medida de lado				

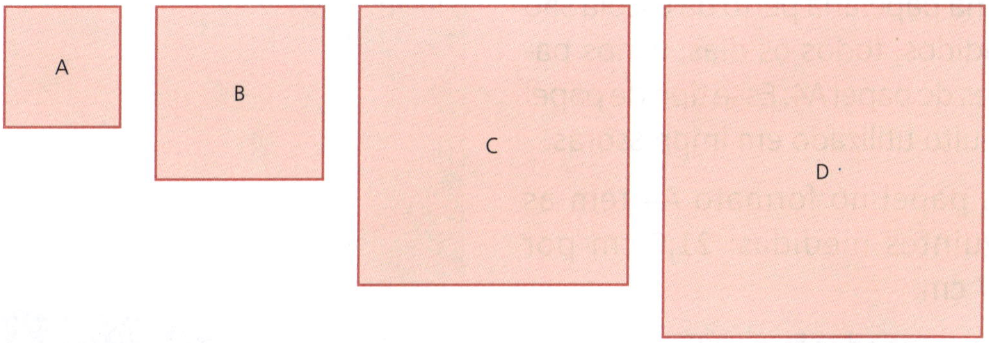

7 Na figura a seguir está representada uma reta numérica em que as letras A, B, C, D, E e F indicam as posições de alguns números.

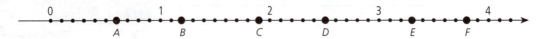

Complete.

Ponto	Número indicado	Leitura do número
A	0,6	
B		um inteiro e dois décimos
C		
D		
E		
F		

8 Com o auxílio da calculadora, resolva as seguintes divisões:

a) 95 ÷ 10 = _____

b) 131 ÷ 10 = _____

c) 4 ÷ 10 = _____

d) 276 ÷ 10 = _____

9 Numa papelaria perto da escola são vendidos, todos os dias, vários pacotes de papel A4. Esse tipo de papel é muito utilizado em impressoras.

Um papel no formato A4 tem as seguintes medidas: 21,0 cm por 29,7 cm.

Para responder às questões a seguir, utilize uma régua a fim de tirar as medidas solicitadas.

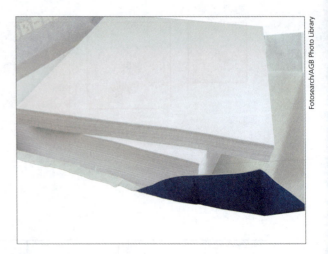

a) Quais são as medidas, em centímetros, de uma folha de seu caderno?

_____

b) As folhas deste livro de Matemática têm o formato A4? _____

Décimos, centésimos e milésimos

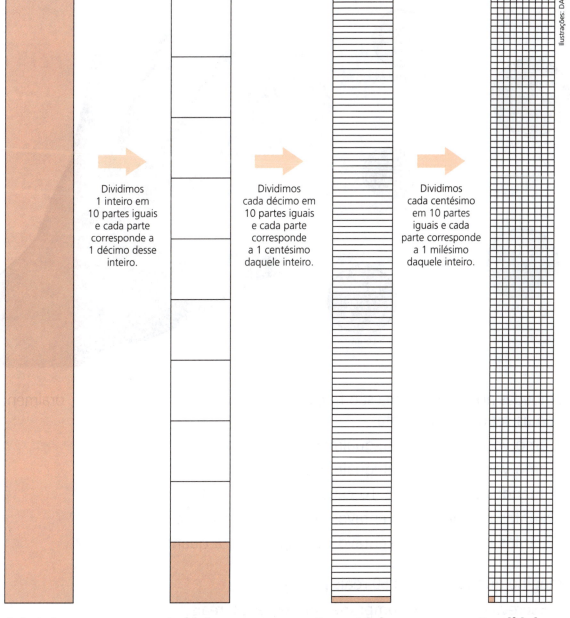

Dividimos 1 inteiro em 10 partes iguais e cada parte corresponde a 1 décimo desse inteiro.

Dividimos cada décimo em 10 partes iguais e cada parte corresponde a 1 centésimo daquele inteiro.

Dividimos cada centésimo em 10 partes iguais e cada parte corresponde a 1 milésimo daquele inteiro.

1 inteiro
1

1 décimo
$\dfrac{1}{10}$ ou 0,1
(1 parte de 10)

1 centésimo
$\dfrac{1}{100}$ ou 0,01
(1 parte de 100)

1 milésimo
$\dfrac{1}{1000}$ ou 0,001
(1 parte de 1 000)

Observe:

- sete décimos

    $\dfrac{7}{10} = 0{,}7$

    1 zero   1 casa decimal

- treze centésimos

    $\dfrac{13}{100} = 0{,}13$

    2 zeros   2 casas decimais

- cinco milésimos

    $\dfrac{5}{1\,000} = 0{,}005$

    3 zeros   3 casas decimais

Cento e cinco 105

As moedas de nosso dinheiro que estão em circulação são as seguintes:

As moedas no quadro acima são frações do real. Observe seus valores e, oralmente, responda às seguintes perguntas:

- Como você divide 1 real igualmente entre 2 pessoas?
- Como você divide 1 real igualmente entre 4 pessoas?
- Juntando 10 moedas de 10 centavos, qual quantia total obtemos?
- Quantas moedas de 5 centavos correspondem à quantia de 1 real?
- Quantas moedas de 1 centavo correspondem à quantia de 1 real?

1 Imagine que você tenha 50 reais para gastar.

a) Escreva o que você compraria com esses 50 reais.

_____

b) Desses itens que você listou, quais são de fato necessários?

_____

_____

_____

_____

2 Agora pinte os centésimos conforme indicado.

a) 0,36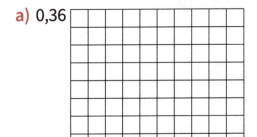

c) 0,81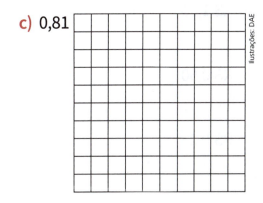

b) 0,58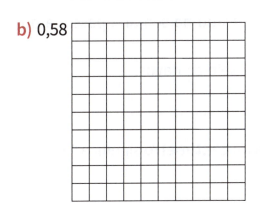

d) 0,95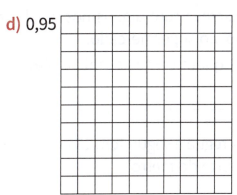

3 Escreva como se lê cada número decimal.

a) 8,61 ➡ _____

b) 9,42 ➡ _____

c) 4,2 ➡ _____

d) 5,74 ➡ _____

e) 4,332 ➡ _____

f) 95,06 ➡ _____

g) 7,062 ➡ _____

h) 10,445 ➡ _____

i) 47,82 ➡ _____

j) 81,9 ➡ _____

4 Escreva como lemos as quantias a seguir.

a) R$ 1,00

_____

b) R$ 0,50

_____

c) R$ 0,25

_____

d) R$ 0,10

_____

e) R$ 0,05

_____

f) R$ 0,01

_____

5 Escreva com algarismos o valor que Laura gastou na semana passada quando foi ao supermercado:

◆ quatrocentos e vinte e oito reais e trinta e sete centavos.

_____

6 A régua a seguir tem 15 centímetros. A palavra **centímetro** significa "a centésima parte do metro".

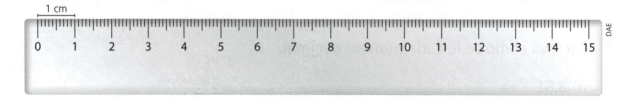

Complete os itens a seguir:

a) 1 m = _____ cm

b) 0,01 m = $\dfrac{1}{100}$ m = _____ cm

7 Complete com a altura dos quatro amigos em centímetros.

Nome	Altura em metros	Altura em centímetros
Murilo	1,32	132
Paulo	1,27	
Joana	1,33	
Karina	1,22	

8 Novamente vamos observar uma régua. Note que cada centímetro está dividido em 10 partes iguais. Cada uma dessas partes é **1 milímetro**.

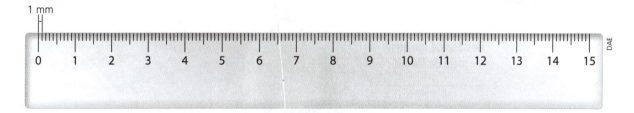

a) Escreva a seguir o que você sabe sobre o significado da palavra **milímetro**.

_____

b) Complete:

- 1 m = _____ mm

- 0,001 m = $\dfrac{1}{1\,000}$ m = _____ mm

9 Responda:

a) Quantos milímetros cabem em 1 cm? _____

b) Quantos milímetros cabem em 2 m? _____

c) Qual é a medida de comprimento maior: 1,2 m ou 1 199 mm? _____

10 O litro é uma medida de capacidade, e o **mililitro** é a milésima parte do litro, isto é, ao dividirmos um litro por 1 000, obtemos o mililitro.

$\dfrac{1}{1\,000}$ litro = 1 mililitro, assim 1 litro = 1 000 mililitros

ou

1 L = 1 000 mL

A capacidade da jarra desenhada ao lado é de 1 litro, mas está com suco até a **metade**.

- Qual é a representação de 500 mL na forma decimal em litros? _____

11 Complete:

a) 1,750 L = _____ mL

b) 2,8 L = _____ mL

c) 0,150 L = _____ mL

d) 3,125 L = _____ mL

12 Quando foi ao açougue pela manhã, Ricardo fez o seguinte pedido:

Gostaria de um quilo e meio de frango.

Escreva o pedido de Ricardo em gramas. _____

13 A sequência de números decimais representada abaixo segue um padrão. Descubra que padrão é esse e complete a sequência com os números que faltam.

1,120 ➡ 1,125 ➡ 1,130 ➡ _____ ➡ _____ ➡ _____ ➡ _____

14 Faça o que se pede em cada item.

a) Escreva quatro números que sejam maiores que 34,750 e menores que 34,760.
_____

b) Escreva dois números que sejam maiores que 77,16 e menores que 77,17.
_____

15 Cada cubo desenhado a seguir representa uma unidade. O primeiro cubo foi dividido em 10 partes iguais, o segundo em 100 partes iguais e o terceiro, em 1 000 partes iguais. Em cada um deles, todas as peças das 3 primeiras camadas de baixo estão completamente coloridas.

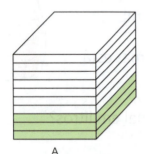
A

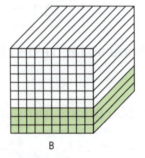
B

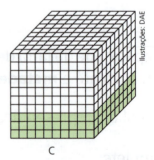
C

Escreva nas formas decimal e de fração a parte colorida de cada figura.

_____

Sistema de numeração decimal

Empregamos os números decimais todos os dias em situações diversas: quando tiramos medidas, quando fazemos compras, quando calculamos como dividir as despesas etc.

Mas isso nem sempre foi assim. Leia o texto a seguir para conhecer um pouco melhor os números com vírgula.

> Hoje em dia os números são usados para tudo, mas já houve uma época na história, muito antiga, em que os homens nem conheciam os números. Foi preciso um longo período para que os homens inventassem os números, outro bom período até que os números começassem a ser escritos, de forma primitiva, e muito tempo ainda até se escreverem os números naturais como os escrevemos hoje em dia: no sistema de numeração decimal.
>
> Nesse sistema, os algarismos têm valores posicionais e cada posição tem 10 vezes o valor da posição imediatamente à sua direita.

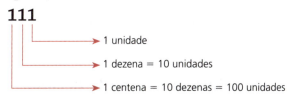

> Na sequência dos números naturais, o sucessor de 111 é 112, e não existem números naturais entre 111 e 112. Para escrever um número maior que 111 e menor que 112, sem usar frações, passou-se outro longo período até o surgimento de uma ideia tremendamente fantástica e simples: colocar uma vírgula no fim de um número natural e continuar escrevendo algarismos também depois da vírgula. Usando a lógica do sistema de numeração decimal, percebe-se que a posição seguinte à vírgula tem o valor da posição das unidades dividido por 10; ou seja, essa é a "casa" dos décimos. Assim 111,1, por exemplo, representa um número maior que 111 e menor que 112, pois representa 111 inteiros e 1 décimo.

Luiz Márcio Pereira Imenes. *Frações e números decimais*. São Paulo: Atual, 1993. p. 20.

- Agora que você leu o texto, escreva os números abaixo em ordem crescente:

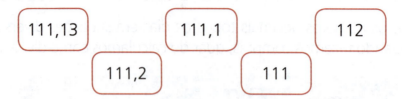

- Observe a decomposição do número natural 725 em centenas, dezenas e unidades:

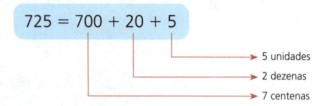

- Agora observe a decomposição do número 725,396, que tem décimos, centésimos e milésimos:

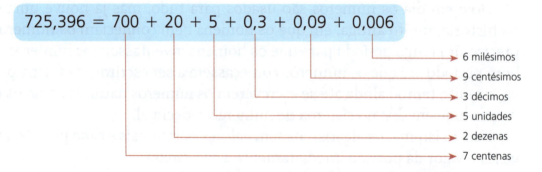

- Os décimos, centésimos e milésimos são escritos à direita da unidade, logo após a vírgula. No quadro de valor, ficam assim:

parte inteira			parte decimal		
C	D	U	d	c	m
7	2	5,	3	9	6

Lemos esse número da seguinte maneira:

setecentos e vinte e cinco unidades, três décimos, nove centésimos e seis milésimos

ou

setecentos e vinte e cinco unidades e trezentos e noventa e seis milésimos

ou

setecentos e vinte e cinco inteiros e trezentos e noventa e seis milésimos

1 Nos números escritos a seguir, observe o algarismo 9. Escreva o valor que esse algarismo representa em cada número.

a) 9 576,22: _____

b) 8,97: _____

c) 72,889: _____

d) 729,351: _____

2 Utilizando uma calculadora, escreva o resultado das operações a seguir:

a) 35 ÷ 10 = _____

b) 35 ÷ 100 = _____

c) 35 ÷ 1 000 = _____

d) 9 ÷ 10 = _____

e) 9 ÷ 100 = _____

f) 9 ÷ 1 000 = _____

3 Complete:

a) A escrita de 1 milésimo na forma decimal é _____ .

b) Podemos escrever 25 centésimos na forma decimal como _____ .

c) 1 000 milésimos é o mesmo que _____ inteiro

d) Podemos escrever 3 décimos na forma decimal como _____ .

4 Quando uma criança nasce se obtêm duas medidas dela: peso e altura. Observe as medidas anotadas e escreva o que se pede.

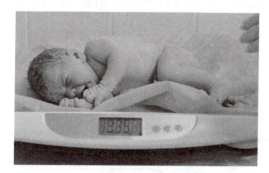 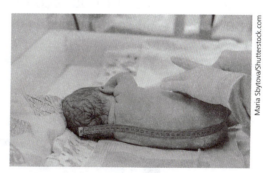

Peso: 3 750 gramas.
Altura: 49 centímetros.

a) O peso em quilogramas: _____ .

b) A altura em metros: _____ .

5 Escreva os números a seguir utilizando apenas algarismos.

a) novecentos e trinta e dois milésimos _____

b) duzentos inteiros e trezentos e quarenta e sete milésimos _____

c) sete inteiros e vinte e três centésimos _____

d) quatrocentos e noventa e cinco unidades e oito décimos _____

6 Para compreender um pouco melhor os números decimais, Luana resolveu decompor um número que a professora escreveu na lousa. Veja como ficou:

$$754,986 = 700 + 50 + 4 + 0,9 + 0,08 + 0,006$$

Faça a decomposição dos números a seguir usando o método de Luana.

a) 9,764 = _____ + _____ + _____ + _____

b) 97,123 = _____ + _____ + _____ + _____ + _____

c) 881,46 = _____ + _____ + _____ + _____ + _____

d) 372,155 = _____ + _____ + _____ + _____ + _____ + _____

7 Silvane foi comprar um pedaço de queijo. Ela pediu 200 gramas de queijo e pagou 7 reais e 50 centavos.

a) Escreva o peso do queijo que Silvane comprou em quilogramas. _____

b) Escreva a quantia paga utilizando a forma decimal. _____

8 O nome dado à brincadeira foi **número maior**. Para brincar foi necessário elaborar as seguintes cartas em cartolina.

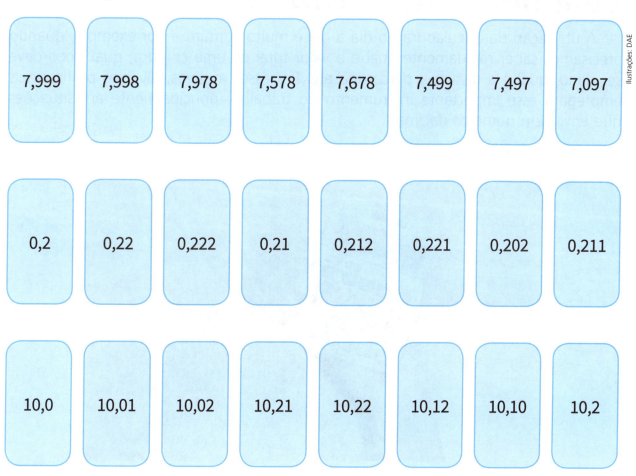

Como brincar

1. A brincadeira deve ser feita em duplas.
2. As cartas devem ser embaralhadas e distribuídas entre os dois jogadores.
3. Cada jogador faz um monte com suas cartas viradas para baixo.
4. Os dois jogadores retiram a carta de cima de seu próprio monte e viram para mostrar os números.
5. Aquele que tirar o maior número fica com as duas cartas e as separa de seu monte.
6. Quando acabarem as cartas dos montinhos, cada jogador conta a quantidade de cartas que separou.
7. Ganha o jogo aquele que tiver mais cartas.

Noções: adição e subtração com números decimais

A utilização da calculadora no dia a dia é muito comum – por exemplo, quando precisamos saber rapidamente qual é o valor total de uma compra, qual troco deve ser dado, qual é a distância percorrida etc. Por esses motivos, diversos profissionais empregam esse importante instrumento no trabalho, principalmente em situações que envolvem números decimais.

Um exemplo disso está nos esportes. Em diversas modalidades, o cálculo com décimos, centésimos e até milésimos é necessário quando se quer comparar pontuação ou mesmo o tempo.

Numa corrida de Fórmula 1, por exemplo, o tempo de uma volta numa pista é calculado em minutos, segundos e até milésimos de segundos.

Observe o tempo de classificação dos dois pilotos que largaram na frente no Grande Prêmio do Brasil de 2016.

Lewis Hamilton: 1 min 10 s **736**
Nico Rosberg: 1 min 10 s **838**

Responda oralmente:
- Qual dos dois pilotos foi mais rápido, isto é, fez o menor tempo?
- O que significam os números 736 e 838 escritos logo após 10 s?
- Nico Rosberg fez a volta em quanto tempo a mais que Lewis Hamilton?

Na **adição** de números decimais, adicionamos os décimos, os centésimos e os milésimos como adicionamos as unidades, as dezenas e as centenas.

Por exemplo, numa compra de final de ano gastei R$ 725,32 no supermercado e R$ 234,27 no açougue. Ao todo quanto gastei?

- Podemos decompor para adicionar. Complete:

```
   700 + 20 + 5 + 0,3 + 0,02
+  200 + 30 + 4 + 0,2 + 0,07
  ─────────────────────────────
   900 + 50 + 9 + 0,5 + 0,09  = _____
```

- Podemos utilizar o quadro de valores. Complete:

C	D	U	d	c
7	2	5,	3	2
+ 2	3	4,	2	7

Da mesma forma, na **subtração** com números decimais subtraímos os décimos, os centésimos e os milésimos como fazemos com as centenas, as dezenas e as unidades.

1 Complete:

a) 2 + 5 = _____

   0,2 + 0,5 = _____

   0,02 + 0,05 = _____

   0,002 + 0,005 = _____

b) 9 − 6 = _____

   0,9 − 0,6 = _____

   0,09 − 0,06 = _____

   0,009 − 0,006 = _____

c) 12 + 13 = _____

   1,2 + 1,3 = _____

   0,12 + 0,13 = _____

   0,012 + 0,013 = _____

d) 36 − 22 = _____

   3,6 − 2,2 = _____

   0,36 − 0,22 = _____

   0,036 − 0,022 = _____

2 Efetue as operações a seguir.

a) 7,123
   + 0,842
   ‾‾‾‾‾‾‾

b) 10,251
   + 6,936
   ‾‾‾‾‾‾‾

c) 6,999
   + 0,001
   ‾‾‾‾‾‾‾

d) 41,213
   + 32,489
   ‾‾‾‾‾‾‾‾

e) 4,56
   − 2,31
   ‾‾‾‾‾‾

f) 9,78
   − 0,35
   ‾‾‾‾‾‾

3 Veja como Beatriz resolveu operações com números decimais usando o quadro valor de lugar. Depois, faça do mesmo modo.

D	U	d	c	m
¹2	¹8,	7	2	1
+ 1	3,	4	6	7
4	2,	1	8	8

D	U	d	c	m
¹2	⁷8,	7	2	1
− 1	3,	4	6	7
1	5,	2	5	4

a)
D	U	d	c	m
2	3,	4	2	3
+ 4	5,	1	4	8

b)
D	U	d	c	m
1	9,	7	2	3
+ 1	8,	6	4	7

c)
D	U	d	c	m
4	4,	4	4	4
− 1	2,	3	4	6

d)
D	U	d	c	m
9	2,	4	8	3
− 4	9,	6	6	7

4 Calcule mentalmente e complete:

a) Tenho R$ 49,35; para completar R$ 50,00 faltam R$ _____.

b) Solicitei 3 kg de carne no açougue. Quando a carne foi pesada, a balança indicava 120 gramas a mais, isto é, _____ kg.

c) Marcos saltou 2,75 metros de distância. Para 3 metros faltou _____ metro.

5 Complete com os valores que faltam:

Valor da compra	Quantia paga	Troco
R$ 277,35	R$ 300,00	
R$ 509,77		R$ 10,23
	R$ 250,00	R$ 20,85
R$ 89,25	R$ 100,00	

Utilize uma calculadora para conferir os resultados.

6 A lanchonete Delícias do Abacaxi vende suco de abacaxi natural em embalagens com diferentes capacidades, de acordo com a ilustração ao lado.

Matias resolveu comprar 1 embalagem de cada capacidade do suco. Responda:

a) Quantos mililitros ao todo ele comprou de suco?
_____

b) Quantos litros de suco ele comprou ao todo? _____

350 mL

600 mL

1 L

2 L

c) Quanto falta para completar 5 litros? _____

7 No final de semana, a família de Henrique fez um almoço especial para comemorar o aniversário da vovó Mariana. Gastaram R$ 129,35 com comida e R$ 45,50 com bebidas. Ao todo, quanto eles gastaram?

_____

8 A figura completa ao lado representa 1 inteiro. Observe os números decimais representados nas cores amarela, vermelha e azul, e responda às questões.

a) Qual número decimal representa a parte amarela? _____

b) E a parte vermelha? _____

c) E a parte azul? _____

d) E a diferença entre os números representados pela parte vermelha e pela azul? _____

9 Calcule o troco em cada situação, conforme o exemplo.

Dinheiro dado	Valor da compra	Troco
R$ 5	R$ 3,50	R$ 1,50
R$ 20	R$ 18,30	R$ _____
R$ 50	R$ 16,40	R$ _____
R$ 100	R$ 41,25	R$ _____

10 O gráfico apresenta o faturamento de um restaurante ao longo de cinco dias.

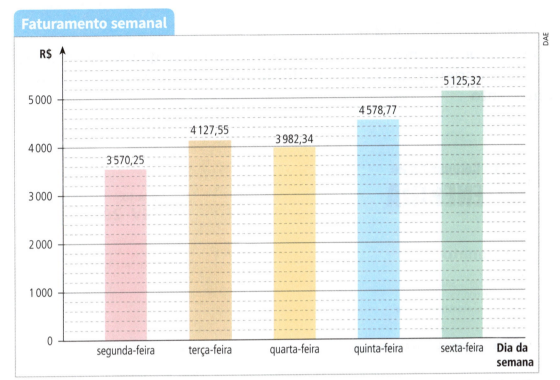

Fonte: Restaurante da Avenida.

Sobre o faturamento, utilize uma calculadora para responder:

a) Qual foi o total desses cinco dias? _____

b) Qual é a diferença entre segunda-feira e sexta-feira? _____

11 Considere que o padrão numérico dos três primeiros termos de cada sequência continue. Descubra qual é o padrão numérico e complete:

a) 25,750 ➡ 25,900 ➡ 26,050 ➡ _____ ➡ _____ ➡ _____

b) 12,70 ➡ 12,50 ➡ 12,30 ➡ _____ ➡ _____ ➡ _____

12 Resolva:

a) Numa corrida de 5 km, Patrícia parou a 200 m da linha de chegada. Quantos metros ela percorreu? _____

b) Henrique conseguiu emagrecer 350 gramas em um mês de atividades físicas. Se o peso atual dele é de 57 kg, qual era o peso dele antes? _____

Você já viu uma conta de energia?

Identifique o **nome** da pessoa ou estabelecimento que recebe o serviço de energia, o **endereço** do local, o **período** que está sendo cobrado e a **data de vencimento**.

Vencimento:
10 FEV 2020

Mês ref.: JANEIRO 2020
Emissão: 26 JAN 2020

José Renato
R. Mário, 333
CEP 00000-000   São Paulo-SP
CPF 000.000.000-XX
e-mail: joserenato@nonon.onon

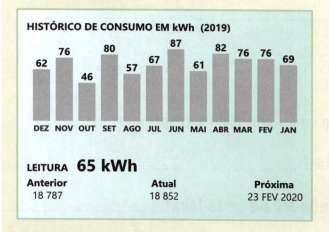

HISTÓRICO DE CONSUMO EM kWh (2019)

DEZ	NOV	OUT	SET	AGO	JUL	JUN	MAI	ABR	MAR	FEV	JAN
62	76	46	80	57	67	87	61	82	76	76	69

LEITURA 65 kWh

Anterior   Atual   Próxima
18 787   18 852   23 FEV 2020

DESCRIÇÃO DE FATURAMENTO

Fornecimento (kWh)
Consumo × TUDS
65,0 × 0,18041 11,72
Consumo × TE
65,0 × 0,22402 14,55
Adicional Bandeira Amarela 0,78

Tributos
Pis/Pasep 0,24
Cofins 1,17

Outros produtos
Cosip 9,32

Valor total 37,78

Outras informações que podem vir na conta é o valor a ser pago e o histórico de consumo, medido em kWh (lê-se: quilowatt-hora).

Agora vamos usar esses dados para fazer uma planilha com o total de kWh consumidos e os valores pagos de janeiro a dezembro de 2019.

1. Com o programa de edição de planilhas aberto, digite os dados a seguir: **mês** na coluna A, **consumo** na coluna B e **valor** na coluna C.

2. Selecione alguns valores na coluna B e observe a barra de *status* (inferior) do seu editor de planilhas. Viu? Ela apresenta a soma dos valores selecionados. Dessa forma, para saber o total gasto em kWh de janeiro e fevereiro de 2019, somados, basta selecionar esses dois valores e observar a **soma** na barra de *status*.

Somados, foram gastos, 145 kWh em janeiro e fevereiro de 2019.

◆ Qual foi o total de kWh gastos por essa pessoa no segundo trimestre do ano de 2019?

◆ Qual foi o total de kWh gastos por essa pessoa durante todo o período analisado?

◆ Qual foi o valor gasto nos três últimos meses de 2019?

3. Quando a casa fica vazia, é normal que o valor da conta de energia diminua. Com base nos dados da planilha, em qual dos meses você acredita que a pessoa tenha viajado e deixado a casa vazia? Qual foi o valor da conta nesse mês?

Revendo o que aprendi

1 Observe o retângulo a seguir, dividido em 10 partes iguais.

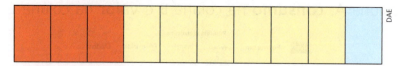

Considerando que o retângulo representa 1 inteiro, escreva o que se pede.

a) As frações que indicam cada cor: _____.

b) Os números decimais correspondentes a cada cor: _____.

2 Complete o quadro com as quantias em reais dos quatro amigos. Em seguida, responda às questões.

Nome	Quantidade em reais
André	
Bruna	
Cláudia	
Douglas	

As cédulas e moedas não estão representadas em proporção.

André

Bruna

Cláudia

Douglas

a) Os quatro amigos juntos têm mais de 200 reais ou menos de 200 reais?

_____

b) Quanto falta a André para que tenha 50 reais?

_____

c) Quanto falta para que Cláudia tenha a mesma quantia que Douglas?

_____

3 Rodrigo desenhou dois segmentos, um verde e um vermelho, mostrados na figura a seguir. Adicionando a medida dos dois comprimentos temos 14 cm.

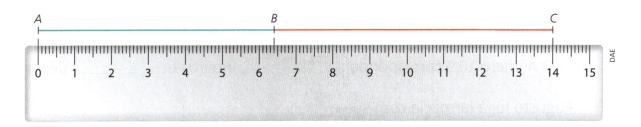

a) Indique o comprimento, em centímetros, do segmento AB. _____

b) Qual é o comprimento do segmento BC? _____

c) Quantos centímetros a mais tem o segmento maior do que o segmento menor? _____

d) Os dois segmentos juntos medem 14 cm. Represente essa medida em milímetros e em metros. _____

4 Complete:

Número decimal	Como lemos o número
0,45	
0,7	
0,08	
0,009	
0,72	
0,921	
0,022	

Agora responda:

a) Qual desses números é o menor? _____

b) Qual desses números é o maior? _____

Cento e vinte e cinco **125**

5 Complete as frases abaixo.

a) O número 42,345 corresponde a _____ inteiros e _____ milésimos.

b) O número 5,74 corresponde a _____ inteiros e _____ centésimos.

c) O número 10,9 corresponde a _____ inteiros e _____ décimos.

6 Augusto foi à farmácia com sua mãe para se pesar em uma balança de ponteiro. A reta numérica ao lado representa o valor, em quilogramas, obtido por ele depois de subir na balança.

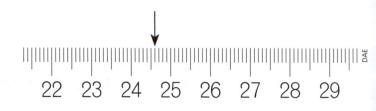

Responda: Que número a balança indicou quando Augusto se pesou? _____

7 O gráfico a seguir mostra os preços da cesta básica no período de alguns meses.

Fonte: Unidavi. Disponível em: <www.unidavi.edu.br/noticia/2013/5/cesta-basica-taio>. Acesso em: abr. 2019.

De acordo com o gráfico, responda às questões.

a) Nos meses apresentados, qual foi o maior preço da cesta básica?

_____

b) Em quais meses o preço da cesta básica estava acima de R$ 250,00?

_____

_____

8 Abaixo estão indicados os preços de alguns produtos de um supermercado num dia de promoções.

De acordo com esses preços, responda às questões.

a) Se uma pessoa comprar uma unidade de cada um dos três produtos com o valor em promoção, quanto gastará?

_____

b) E se a compra fosse feita fora de promoção, quanto essa pessoa gastaria?

_____

c) Qual será a economia da pessoa que comprar uma unidade de cada produto na promoção?

_____

9 O valor total da compra de um cliente está borrado, como mostra a figura ao lado. Sabendo disso, responda às questões.

CUPOM FISCAL

DESCRIÇÃO	QTD.	VALOR
refrigerante em lata	1	3,50
arroz 1kg	1	5,35
TOTAL		

a) Qual é o valor total dessa compra?

_____

b) Se o cliente der uma cédula de 10 reais, qual será o valor do troco?

_____

10 Resolva:

a) Tereza disse que a quantidade de gasolina colocada no tanque de seu carro era maior que 46 litros e menor que 47 litros. Cite alguns números que podem representar a quantidade de gasolina.

_____

b) André e Paula mediram suas respectivas alturas na aula de Educação Física. A altura de André ficou em 1,57 m, enquanto Paula disse que tinha 3 cm a menos que André. Qual é a altura de Paula?

_____

_____

c) Paulo, sempre que pode, economiza dinheiro. No último mês conseguiu juntar 10 moedas de 25 centavos e 2 moedas de 50 centavos. Quantos reais ele conseguiu juntar?

_____

_____

11 Você pode utilizar o Material Dourado para representar também números decimais. Observe o quadro a seguir.

Unidade	Décimos	Centésimos	Milésimos

Responda:

a) Quantos milésimos correspondem a 1 centésimo? _____

b) Quantos milésimos correspondem a 1 décimo? _____

c) Quantos milésimos correspondem a 1 inteiro ou a 1 unidade? _____

d) Qual é o resultado da adição: $1 + 0,1 + 0,01 + 0,001$? _____

Desafio

1 Você deverá descobrir o peso de cada um dos blocos, **A**, **B** e **C**, indicados nas balanças em equilíbrio. Observe que os pesos em cor cinza são iguais, isto é, têm o mesmo peso.

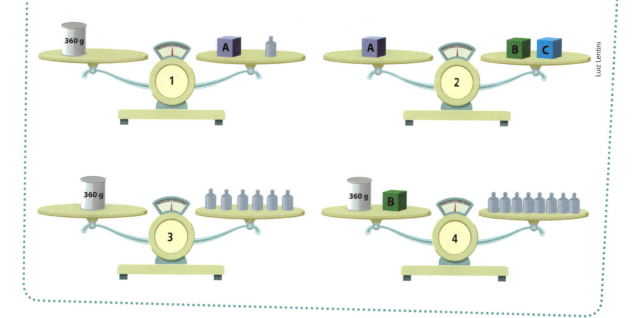

Para ir mais longe

Livros

▶ **Aventura decimal**, de Luzia Faraco Ramos. São Paulo: Ática, 2001.

Paulo gosta de jogar futebol e é considerado um craque. Mas um dia ele se machuca e tem de sair do campeonato. Ele acaba chegando à Terra do Povo Pequeno, onde conhecerá melhor os números decimais.

▶ **O menino do dinheiro**, de Reinaldo Domingos. São Paulo: Dsop, 2009.

Esse livro conta a história de um garotinho que sabe o que quer e aprende a real importância de guardar moedinhas para realizar seus sonhos. O autor mostra como é importante poupar, saber fazer escolhas, apoiar os outros e ouvir os ensinamentos da mãe.

UNIDADE 4
Grandezas e medidas

Uma pessoa encontra-se exatamente na metade de uma escada. Daí ela resolve subir 5 degraus, depois descer 7 degraus e ainda voltar a subir 4 degraus. Logo após, sobe ainda 9 degraus e chega ao último degrau da escada.

- Quantos degraus essa escada tem?

Efetuando medidas

Medir é comparar!

Quando uma criança nasce, normalmente o médico tem de tomar duas medidas dela: o peso e a altura. Essas medidas são comparadas com as de tabelas que mostram as faixas de peso e de altura ideais para o desenvolvimento da criança em cada faixa etária. Caso as medidas do recém-nascido estejam fora das faixas consideradas ideais, cuidados são tomados para que seu desenvolvimento seja adequado.

Além do peso e da altura, na vida existem alguns momentos em que precisamos também medir nossa temperatura. Se você já teve febre, sabe muito bem disso.

Comente com os colegas:

◆ Qual instrumento utilizamos para medir a temperatura do corpo?

Ao longo dos volumes anteriores desta coleção, você teve a oportunidade de conhecer um pouco melhor as medidas de comprimento, de massa, de capacidade e de tempo.

◆ Observe os desenhos a seguir. Cada um deles indica um instrumento. Converse com os colegas e, juntos, identifiquem todos eles e digam para que são utilizados.

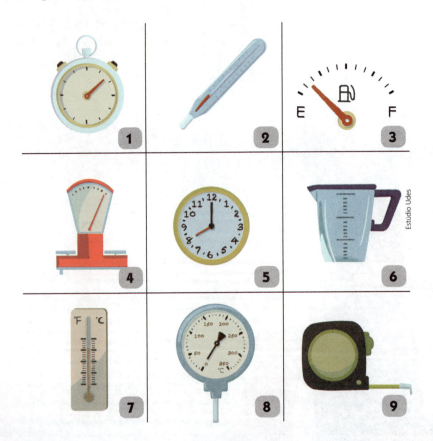

Medidas de comprimento

Numa atividade no início deste livro falamos em distância entre duas cidades. Em alguns aplicativos de localização podemos obter essa informação. Para tanto, basta traçar uma rota entre duas cidades. Normalmente há duas distâncias: uma em linha reta e a outra por estradas, isto é, a distância rodoviária.

Fonte: *Atlas Geográfico Escolar*. 7. ed. Rio de Janeiro: IBGE, 2016. p. 146.

Assim, por exemplo, se você procurar uma rota entre São Paulo e Rio de Janeiro, o aplicativo fornecerá as seguintes distâncias aproximadas:

434 km   361,15 km

◆ Qual dessas distâncias é em linha reta? Justifique.

_____

_____

◆ Quantos metros há em 1 km? E em 0,15 km?

_____

_____

_____

> A unidade-padrão de medida de comprimento é o **metro**. Além do metro, podemos utilizar as unidades de medida a seguir.
> ◆ quilômetro (km):   ◆ centímetro (cm):   ◆ milímetro (mm):
> 1 km = 1000 m   1 cm = 0,01 m   1 mm = 0,001 m

Cento e trinta e três **133**

1. Pesquise o significado de cada palavra a seguir e escreva-o no caderno.

> quilômetro   centímetro   milímetro

Agora complete:

a) 1 m = _____ km

b) 1 m = _____ cm

c) 1 m = _____ mm

2. Leia o texto a seguir:

Com base no metro obtemos o quilômetro, o centímetro e o milímetro. Essas não são as únicas unidades de medida que utilizamos, mas são as mais comuns no dia a dia. Agora, é importante que você perceba quando é mais conveniente utilizar uma delas e não outra. Por exemplo, podemos dizer que a altura de uma escola com três andares é 18,6 m, ou 1 860 cm, ou 18 600 mm, ou ainda 0,0186 km. Entretanto, a mais adequada e utilizada é 18,6 m.

a) Qual unidade de comprimento, entre as que estão no texto, você utilizaria para informar o tamanho de um lápis? _____

b) Se o número que representa a medida da altura de sua carteira é 75, qual unidade de medida foi utilizada? _____

c) Patrícia mediu a altura dela e anotou no caderno o número 1,39. Qual unidade de medida ela utilizou? _____

d) Se Patrícia anotasse 139, qual unidade deveria escrever? _____

e) Carlos mediu o comprimento da borracha dele e anotou o número 38 no caderno. Qual unidade ele deve escrever ao lado do número? _____

f) Se Carlos anotasse 3,8, qual unidade deveria escrever? _____

3 Vamos obter algumas medidas de comprimento em grupo.

- Cada equipe deverá cortar 10 metros do rolo de barbante.
- Com esse barbante deverá medir dois lugares da escola cujo comprimento seja aproximadamente 10 metros e anotar a medida no caderno.
- Também com esse barbante deverá marcar dois pontos da escola que tenham aproximadamente 100 metros de distância um do outro e anotar no caderno.

> A palavra **perímetro** tem origem na palavra grega *perimeter*, que significa "em volta" (*peri*) e "medida" (*meter*). Assim, utilizamos perímetro para indicar a medida de um contorno.

Por exemplo: a seguir estão indicadas as medidas de dois lados de um campo de futebol. Observe:

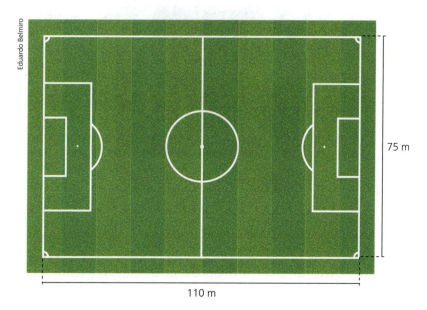

- Se o campo tem a forma de um retângulo, é necessário obter mais alguma medida para calcular seu perímetro? _____
- Qual é o perímetro desse campo?

_____

4 Utilize uma régua e, no caderno, desenhe as seguintes figuras planas:
a) um retângulo cujos lados tenham medidas 10 cm e 6 cm;
b) um quadrado com lados de 8 cm cada.

5 Considerando as figuras da atividade anterior, responda:

a) Qual é o perímetro do retângulo?

_____

b) Qual é o perímetro do quadrado?

_____

6 Na decoração para as festas de fim de ano, Paloma colocou em torno da porta de sua casa um enfeite de Natal, conforme mostra a imagem a seguir. Se o enfeite ocupou toda a borda da porta, que tem 2,15 m de altura e 0,92 m de largura, qual é o comprimento do enfeite?

_____

7 Utilize uma régua e indique a medida de cada segmento.

a) _____ cm ─────────────────────────

b) _____ cm ─────────────────────────

c) _____ cm ─────────────────────────

d) _____ cm ─────────────────────────

8 Utilize uma régua e, no caderno, faça o que se pede a seguir.

a) Desenhe uma linha que tenha 76 mm de comprimento.

b) Desenhe um retângulo que tenha 220 mm de perímetro.

9 Imagine que o lado de cada quadradinho da malha mede 1 cm. Nela foram desenhados quadrados e retângulos.

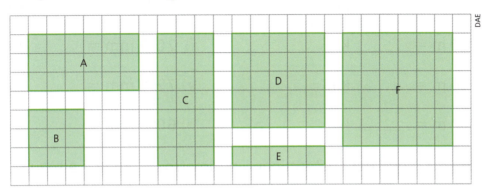

- Complete:

Figura	A	B	C	D	E	F
Perímetro em cm						

10 A fotografia abaixo é da pista do Autódromo de Interlagos, em São Paulo, onde são disputadas diversas corridas. Uma volta nessa pista tem aproximadamente 4,3 km.

a) Se um carro de corrida der apenas uma volta na pista, quantos metros percorrerá?

_____

b) O carro que conseguir dar 60 voltas nessa pista percorrerá quantos quilômetros?

_____

11 Transforme as medidas nas unidades indicadas.

a) 1500 m = _____ km

b) 2000 m = _____ km

c) 7200 m = _____ km

d) 6000 m = _____ km

e) 1500 mm = _____ m

f) 2000 mm = _____ m

g) 7200 mm = _____ m

h) 6000 mm = _____ m

12 Utilize uma régua para determinar o perímetro da figura a a seguir.

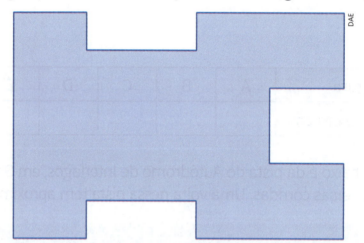

Perímetro: _____

13 Na malha quadriculada abaixo desenhe o que se pede.

a) Um retângulo de 16 cm de perímetro.

b) Um quadrado de 25 cm de perímetro.

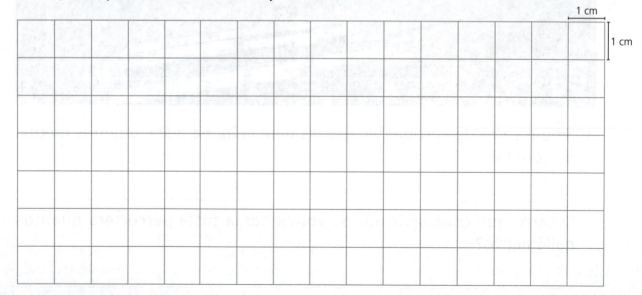

Medidas de superfície

Ao construir uma casa, tanto o dono quanto o construtor precisam tomar algumas decisões: como será o telhado, onde haverá portas e janelas, se terá garagem, qual será a altura das paredes etc. Além disso, existe a questão de quanto o dono gastará na construção. Para isso, entre outras coisas, é preciso saber que **área** essa casa terá.

Responda oralmente:

◆ Você sabe o que significa "área da casa"?

Fonte: *Atlas geográfico escolar*. 7. ed. Rio de Janeiro: IBGE, 2016. p. 90.

Observe, na figura ao lado, o mapa da Região Sul do Brasil. Nele estão representados os três estados que compõem essa região: Paraná, Santa Catarina e Rio Grande do Sul. Responda:

◆ Qual deles ocupa a maior parte da superfície da Região Sul do Brasil?

_____

◆ E qual deles ocupa a menor parte da superfície da Região Sul do Brasil?

_____

Comparar uma superfície com outra, como no exemplo dos estados da Região Sul, é medir superfícies.

A medida da superfície de uma figura geométrica é chamada de **área**.

Exemplo:

A área da figura verde ao lado é de 28 centímetros quadrados.

São 28 × 1 cm², isto é, 28 cm².

Assim:

▶ 1 cm²: unidade de área

- 1 cm² é a área de um quadrado de lado 1 cm;
- 1 m² é a área de um quadrado de lado 1 m;
- 1 mm² é a área de um quadrado de lado 1 mm;
- 1 km² é a área de um quadrado de lado 1 km.

Observe outro exemplo a seguir.

O desenho abaixo representa o piso da garagem da casa de Ricardo. Note que ele já colocou algumas lajotas para revesti-lo. Responda:

- Quantas lajotas ele já colocou?

_____

- Para cobrir o piso inteiro, ele precisará colocar quantas a mais?

_____

- Quantas lajotas ao todo são necessárias para cobrir o piso da garagem?

_____

> - O total de lajotas que Ricardo utilizará para cobrir o piso da garagem é a **área da garagem**. Portanto, podemos dizer que a área da garagem é de _____ lajotas.

1. Vamos retomar a situação da garagem de Ricardo. O desenho abaixo representa a garagem e as lajotas que já foram colocadas. Imagine que Ricardo resolva tirar todas essas lajotas e colocar outras. Ele tem duas opções para as novas lajotas: em forma de triângulo e em forma de retângulo.

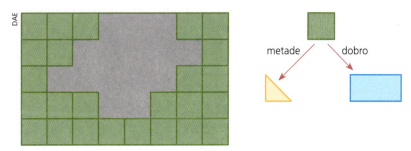

a) Se a lajota em forma de triângulo ocupa a metade da superfície da lajota quadrada, de quantas lajotas triangulares Ricardo precisará para cobrir o piso da garagem? _____

b) A lajota retangular ocupa o dobro da superfície da lajota quadrada. Quantas delas serão necessárias para cobrir o piso da garagem? _____

2. Utilizando as folhas de papel que o professor fornecer, cubram a superfície da lousa sem sobrepor as folhas. O professor ajudará a colocar as folhas na parte mais alta da lousa.

a) Quantas folhas inteiras aproximadamente são necessárias para cobrir a superfície da lousa? _____

b) Qual é a área aproximada dessa superfície? _____

3 Observe na malha quadriculada abaixo alguns retângulos e quadrados desenhados.

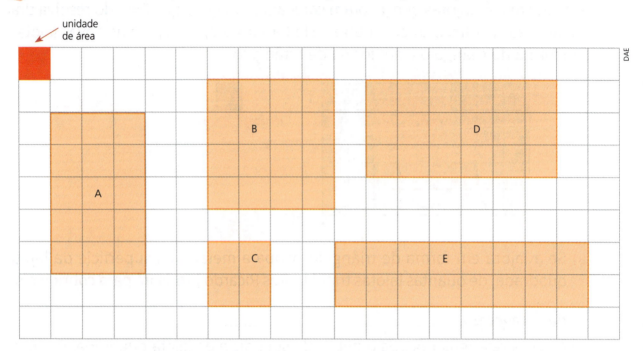

a) Utilizando o quadrado vermelho como unidade de medida, complete:

Figura	A	B	C	D	E
Área					
Perímetro					

b) O que as figuras B e E têm em comum?

_____

c) Quais figuras apresentam a maior e a menor área?

_____

d) Quais figuras apresentam maior e menor perímetro?

_____

4 Utilize uma folha de papel quadriculado e uma régua para desenhar o que se pede a seguir.

a) Um quadrado de área igual a 25 unidades.

b) Um retângulo de área igual a 28 unidades.

Importante: utilize como unidade de área o quadradinho do papel quadriculado em que você desenhou.

5 Você já fez algum desenho em malha triangular? Na malha triangular ao lado foi desenhado o contorno de um triângulo em vermelho. Ao lado dele existem dois triângulos desenhados: um verde e outro laranja.

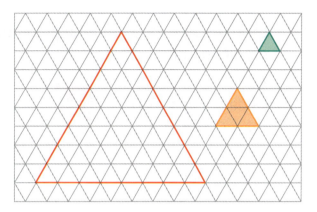

Complete:

a) Utilizando o triângulo verde como unidade de área, podemos dizer que a área do triângulo vermelho é igual a _____ unidades.

b) Se utilizarmos o triângulo laranja como unidade de área, temos que a área do triângulo vermelho é igual a _____ unidades.

6 O quadrado vermelho indica a unidade de área a ser utilizada na malha quadriculada.

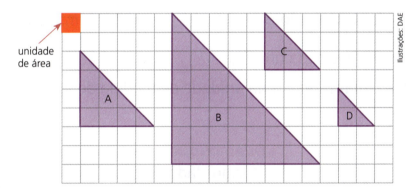

◆ Organize uma tabela que mostre a área de cada um dos quatro triângulos da malha quadriculada.

7 Leonam desenhou um retângulo numa malha quadriculada em que cada quadradinho tinha 1 cm de lado.

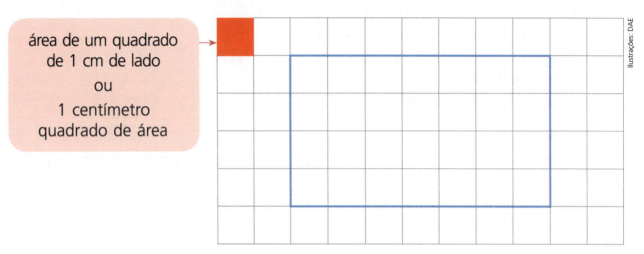

área de um quadrado de 1 cm de lado
ou
1 centímetro quadrado de área

Complete:

a) O retângulo está dividido em _____ quadradinhos do mesmo tamanho.

b) O retângulo desenhado ocupa _____ quadradinhos com 1 centímetro quadrado de área cada um.

O **centímetro quadrado** é uma unidade de medida de superfície:

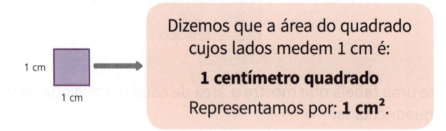

Dizemos que a área do quadrado cujos lados medem 1 cm é:

1 centímetro quadrado

Representamos por: **1 cm²**.

8 Marcelo verificou, com auxílio de uma régua, que o retângulo correspondente a sua fotografia tinha medidas 3 cm por 4 cm. Para saber a área ocupada pela fotografia, ele desenhou uma malha quadriculada com quadradinhos de 1 cm de lado.

a) Quantos centímetros tem o perímetro da fotografia 3 × 4?

_____

b) Qual é a área dessa fotografia? _____

9 Observe a sequência **A**, **B**, **C** e **D** de quadrados desenhados numa malha quadriculada com 1 cm de lado:

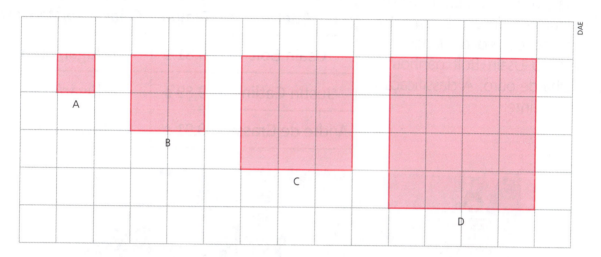

a) Complete:

Figura	Lado (cm)	Perímetro (cm)	Área (cm²)
A			
B			
C			
D			

b) Imagine os dois próximos quadrados, E e F, dessa sequência e escreva:

• o lado (cm) deles: _____ ;

• o perímetro (cm) deles: _____ ;

• a área (cm²) deles: _____ .

10 Agora a turma será organizada em 4 grupos. Cada grupo representará, no chão da sala, uma área de 1 metro quadrado, de acordo com as instruções a seguir.
1. Traga para a sala de aula diversas folhas de jornal.
2. Espalhe-as pelo chão, uma ao lado da outra.
3. Em cima dessas folhas, utilizando régua e caneta, desenhe um quadrado cujo lado tenha 1 m.
4. Recorte as folhas em torno do quadrado desenhado.

Cento e quarenta e cinco **145**

Medidas de tempo

Na prova de corrida de 100 m da olimpíada de 2016, realizada na cidade do Rio de Janeiro, o jamaicano Usain Bolt ganhou a medalha de ouro. A classificação foi a seguinte:

Atleta	Tempo	Colocação/Medalha
Usain Bolt	9,81 s	1º lugar/Ouro
Justin Gatlin	9,89 s	2º lugar/Prata
Andre de Grasse	9,91 s	3º lugar/Bronze

Responda oralmente:

- Você já correu 100 metros?
- Marcou o tempo que levou para percorrer essa distância?
- Você levaria mais que 20 segundos ou menos para percorrer 100 metros?
- Quantos segundos correspondem a 1 minuto? E a 1 hora?

O tempo que o atleta Usain Bolt levou para terminar a prova pode ser lido da seguinte maneira: 9 segundos e 81 centésimos de segundo. Mais 19 centésimos de segundo e ele teria levado 10 segundos para percorrer os 100 metros. O décimo de segundo e o centésimo de segundo são medidas de tempo empregadas em situações como essa, de competição.

- As unidades de medida de tempo que mais utilizamos são dia, hora e minuto:

  1 dia = 24 horas

  1 hora = 60 minutos → em símbolos: **1 h = 60 min**

- Além dessas unidades, temos o **segundo**:

  1 minuto = 60 segundos → em símbolos: **1 min = 60 s**

Observe que nas imagens de um relógio representadas a seguir existem três ponteiros. O ponteiro preto pequeno indica as horas, o ponteiro preto maior indica os minutos e, por último, o ponteiro vermelho indica os segundos.

1 segundo depois

Observe novamente as imagens e responda oralmente para os colegas:
- Você percebe o que mudou do relógio da esquerda para o relógio da direita?

1 Abaixo você encontra dois horários de um mesmo dia indicados em um relógio digital. A seguir, complete as lacunas e depois responda às questões.

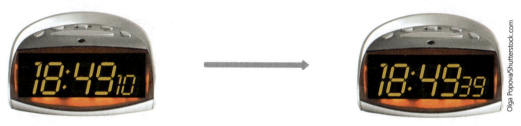

_____ h _____ min _____ s   _____ h _____ min _____ s

a) Qual é o intervalo de tempo entre os dois relógios? _____

b) O primeiro relógio indica quanto tempo após as 18 h 49 min?
_____

c) Quanto tempo falta para o relógio da direita marcar 18 h 50 min?
_____

2 Responda:
a) Qual é o horário de início de suas aulas?
_____

b) Qual é o horário de término de suas aulas?
_____

c) Quanto tempo passa do início de suas aulas até o término delas?
_____

3 Observe a posição dos ponteiros de um relógio durante uma manhã.

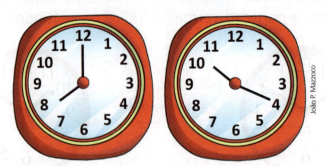

Agora responda: Quantos minutos se passaram? _____

4 Complete as lacunas.

a) 4 horas = _____ minutos

b) 5 horas = _____ minutos

c) 4 minutos = _____ segundos

d) 5 minutos = _____ segundos

5 Transforme as medidas de tempo nas unidades pedidas conforme o exemplo.

> 3 horas e 20 minutos = (3 × 60 + 20) minutos = 200 minutos

a) 5 horas e 10 minutos = (_____ × _____ + _____) minutos = _____ minutos

b) 7 horas e 30 minutos = (_____ × _____ + _____) minutos = _____ minutos

c) 8 minutos e 20 segundos = (_____ × _____ + _____) segundos =

= _____ segundos

d) 10 minutos e 15 segundos = (_____ × _____ + _____) segundos =

= _____ segundos

6 Pinte com as mesmas cores os quadros que contêm a mesma medida de tempo.

| 2,5 h | 4,5 h | 0,5 h | 1,5 h | 3,5 h |
| 90 min | 150 min | 210 min | 30 min | 270 min |

7 Quando chegou à fila de um caixa eletrônico, Juliana observou que eram 10 h 35 min. Mas só conseguiu acessar o caixa às 10 h 46 min.

a) Quantos minutos ela ficou na fila?
_____

b) Esse tempo corresponde a quantos segundos? _____

8 Complete o quadro a seguir, que mostra o horário do início e o horário do término de algumas atividades feitas num mesmo período do dia, indicando o tempo de duração de todas elas.

Horário de início	Horário de término	Tempo de duração
8 h 45 min 12 s	8 h 45 min 37 s	
9 h 12 min	9 h 50 min	
22 h 10 min 10 s	22 h 11 min 40 s	
18 h 25 min	19 h 39 min	

9 Observe um relógio e um calendário para completar as informações sobre o momento em que você está fazendo esta atividade.

a) dia da semana: _____

b) data: _____/_____/_____

c) horário de início: _____

d) horário de término: _____

> Além das medidas de horas, minutos, segundos, semana, mês e ano, algumas vezes falamos em outro tipo de medida de tempo:
> - **1 década** — corresponde ao intervalo de **10 anos**;
> - **1 século** — corresponde ao intervalo de **100 anos**;
> - **1 milênio** — corresponde ao intervalo de **1000 anos**.

10 Responda oralmente:

a) Você já completou uma década de vida?

b) Conhece alguém que está próximo de completar um século de vida?

Medidas de capacidade e medidas de massa

O que você já ouviu falar a respeito do elefante? Sabe onde ele vive? O que come?

A fotografia acima é de um elefante-da-savana. Ele vive na África. Leia algumas informações para conhecer um pouco melhor esse animal.

1. Vive de 60 a 70 anos.
2. É herbívoro, isto é, alimenta-se de vegetais, chegando a comer por dia 125 kg de plantas, capim e folhagens.
3. Bebe bastante água, cerca de 200 litros por dia.
4. Sua altura pode chegar a 3,3 metros, se for macho, e 2,8 metros, se for fêmea.
5. Pode ter até **6 toneladas**, se for macho, e **3 toneladas**, se for fêmea.

A respeito dos dados acima, converse com a turma:
- Quais medidas no texto indicam massa?
- Você sabe quantos quilogramas há em 1 tonelada?

Uma curiosidade: se você achou o elefante pesado, descubra a massa que uma baleia-azul pode ter. Pesquise e conte o que descobriu aos colegas.

❖ **Para medir massa**

> O **grama**, o **quilograma** e a **tonelada** são unidades de medida de massa.

Representamos essas unidades da seguinte maneira:

1 grama: 1 g

1 quilograma: 1 kg

1 tonelada: 1 t

Essas unidades estão assim relacionadas:

1 kg = 1 000 g

1 t = 1 000 kg

❖ **Para medir a capacidade de um recipiente**

Quando dizemos que numa jarra cheia há 2 litros de suco, estamos indicando a medida de capacidade dessa jarra.

> O **litro** e o **mililitro** são unidades de medida de capacidade.

Representamos essas unidades da seguinte maneira:

1 litro: 1 L

1 mililitro: 1 mL

Essas unidades estão assim relacionadas:

1 L = 1 000 mL

1 Retorne às informações sobre o elefante e responda:

a) Qual é a massa em quilogramas do elefante macho?

_____

b) Quantos quilogramas há em 0,8 t?

_____

2 A placa ao lado é utilizada para advertir um condutor de caminhão de que naquele local não se pode trafegar com carga superior a 10 toneladas.

Quantos quilogramas há em 10 t? _____

3 Nos dois recipientes ao lado, estão indicadas as medidas de sua capacidade até que fiquem completamente cheios.

Quantos recipientes menores são necessários para encher completamente o recipiente maior?

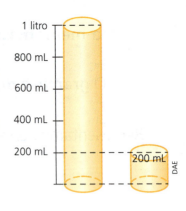

_____

4 Pinte os produtos que podem ser comprados em quilograma.

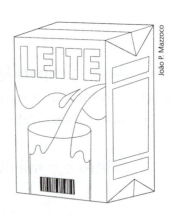

5 Transforme as unidades conforme indicado.

a) 3 L = _____ mL

b) 5 L = _____ mL

c) 6 L = _____ mL

d) 15 L = _____ mL

e) 2 300 mL = _____ L

f) 900 mL = _____ L

g) 5 400 mL = _____ L

h) 4 500 mL = _____ L

6 Complete cada frase com a unidade de medida que falta.

a) Esta semana Juliano se pesou numa balança perto de sua casa. Descobriu que estava com 56 _____ de massa.

b) Um caminhão estava carregado de soja. Essa soja seria levada à cidade para ser vendida. A massa total da soja era de 28 _____.

c) Raul passou na quitanda perto de sua casa e comprou uma maçã que pesava 125 _____.

d) Em um copo cabem 200 _____ de água.

e) Uma garrafa grande de suco tem 2 _____ de capacidade.

f) Na escola, a caixa-d'água é totalmente esvaziada para limpeza a cada seis meses. Quando cheia de água, ela tem a capacidade de 1 500 _____.

7 No escritório em que Ana trabalha, toda semana é comprado um galão de água mineral. O galão tem 20 litros e é comprado pelo valor de R$ 12,00. Responda:

a) Se o galão de água de 20 litros dura 1 semana, quantos litros de água são consumidos no escritório em aproximadamente 1 mês?

_____

b) Qual é o custo mensal de água para o escritório?

_____

8 Você já tomou algum remédio em gotas? Leia a curiosidade a seguir:

> 20 gotas correspondem a aproximadamente 1 mL

◆ Quantos mililitros há em 40 gotas de remédio?

_____

9 Complete as lacunas conforme as unidades indicadas.

a) 4 kg = _____ g

b) 1,5 kg = _____ g

c) 7 kg = _____ g

d) 9 kg = _____ g

e) 600 g = _____ kg

f) 7 500 g = _____ kg

g) 9 000 g = _____ kg

h) 2 800 g = _____ kg

10 Transforme em mililitros seguindo o exemplo.

$$\frac{1}{2} \text{ de } 1 \text{ L} = \frac{1}{2} \text{ de } 1000 \text{ mL} = 500 \text{ mL}$$

a) $\frac{1}{4}$ de 1 L = _____

b) $\frac{2}{4}$ de 1 L = _____

c) $\frac{1}{5}$ de 1 L = _____

d) $\frac{2}{5}$ de 1 L = _____

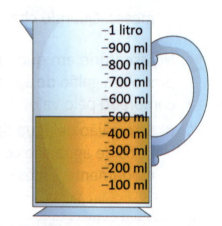

11 Transforme em gramas conforme o exemplo.

$$\frac{1}{2} \text{ de } 1 \text{ kg} = \frac{1}{2} \text{ de } 1000 \text{ g} = 500 \text{ g}$$

a) $\frac{1}{4}$ de 1 kg = _____

b) $\frac{2}{4}$ de 1 kg = _____

c) $\frac{1}{5}$ de 1 kg = _____

d) $\frac{2}{5}$ de 1 kg = _____

Peso Líq. 500 g

Noção de medida de ângulo reto

Utilizando um papel em forma de círculo, faça duas dobras bem no meio dele, como está ilustrado na figura a seguir. Siga as orientações do professor.

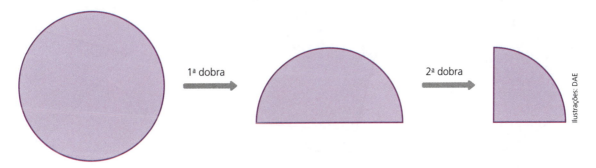

Você obteve um pedaço do círculo, que tem um **ângulo reto**. O ângulo reto pode ser observado em diversos locais, objetos e figuras geométricas. Para identificar alguns deles, utilize a dobradura que você obteve.

◆ Cada canto da lousa de sua sala de aula:

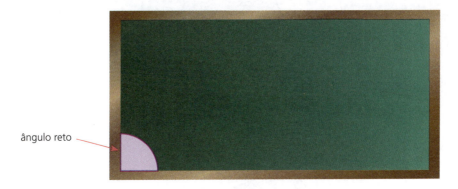

◆ Cada canto da porta de sua sala de aula:

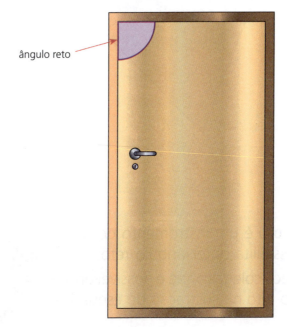

1 Observando algumas figuras planas desenhadas a seguir, marque com **X** aquelas em que se podem notar lados que formam ângulo reto.

O esquadro é um instrumento de desenho que possibilita obter ângulo reto.

Indique aos colegas onde é possível observar o ângulo reto na ilustração do esquadro.

2 Agora você deve desenhar na malha quadriculada um trajeto. Imagine que os quadradinhos representam os quarteirões de parte das ruas de uma cidade planejada. Cada quarteirão tem 100 metros de lado. Desenhe o trajeto conforme as instruções abaixo da malha quadriculada.

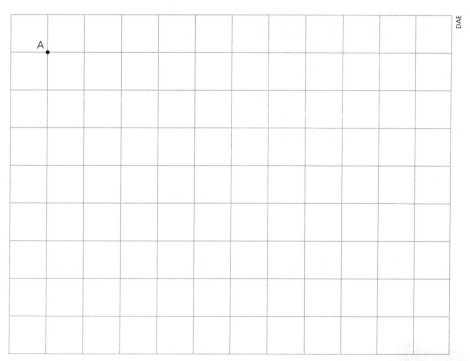

Instruções
1. Saia do ponto **A** e ande 900 metros para a direita.
2. Gire um ângulo reto para a direita e ande mais 700 metros em frente.
3. Gire um ângulo reto para a direita e ande mais 900 metros em frente.
4. Gire um ângulo reto para a direita e ande mais 700 metros em frente.

a) Onde você parou?
___

b) Agora elabore as instruções para que se faça o caminho contrário.
___
___
___
___

MATEMÁTICA em ação

Temperatura ambiente

A figura ao lado representa a Região Norte. Nela estão indicadas, para algumas localidades, as temperaturas de um dia do mês de abril de 2017. Das temperaturas que aparecem, a mais baixa é 29 °C (isto é, 29 graus Celsius) e a mais alta, 37 °C (37 graus Celsius).

- Você saberia dizer qual é a temperatura de sua cidade hoje? Mais de 30 °C ou menos de 30 °C?

Fontes: CPTEC/INPE e *Atlas geográfico escolar*. 7. ed. Rio de Janeiro: IBGE, 2016. p. 90.

_____

- Em qual das estações do ano normalmente as temperaturas são mais baixas em sua cidade? _____

Em alguns lugares públicos, principalmente nas grandes cidades, podemos encontrar termômetros digitais que indicam a temperatura do local. Assim, por exemplo, na imagem ao lado a temperatura indica 38 °C, o que representa uma temperatura muito elevada.

Nesses dias de calor recomenda-se que as pessoas evitem ficar expostas ao sol e procurem tomar bastante água.

- Em sua cidade, nos dias em que a temperatura é muito alta, que cuidados você normalmente toma?

_____

Além dos termômetros eletrônicos, existem outros mais simples. Observe ao lado um termômetro de parede que serve para verificar a temperatura de determinado local. A temperatura é indicada pela posição do líquido vermelho no termômetro.

- Qual temperatura, aproximadamente, esse termômetro indica?

_____

- Essa temperatura, em sua cidade, é considerada alta, média ou baixa?

_____

Aquecimento global

Uma das maiores preocupações com relação à temperatura é o aquecimento global. Medidas de temperatura que são feitas dia a dia possibilitam dizer que há um aumento nas temperaturas médias de nosso planeta.

Esse aumento, conforme apontam diversos cientistas, é devido a certas práticas humanas.

Observe as imagens a seguir.

▶ Área desmatada no Brasil.

▶ Caminhão descarregando em um lixão.

▶ Fábrica de etanol e açúcar em Ribeirão Preto, São Paulo.

▶ Floresta tropical sendo queimada na Tailândia.

❖ As imagens acima estão ligadas às causas do aquecimento global? Comente sua resposta com a turma, falando sobre essas imagens e seus significados.

❖ Escreva uma frase sobre o que você acha que acontecerá no futuro se não diminuirmos o aquecimento global.

_____

_____

_____

Revendo o que aprendi

1 A mãe de Paulo anotou as medidas da altura dele ao longo dos nove primeiros anos, sempre no dia do aniversário do filho. Observe a tabela que ela elaborou:

IDADE E ALTURA DE PAULO									
Idade	1 ano	2 anos	3 anos	4 anos	5 anos	6 anos	7 anos	8 anos	9 anos
Altura	74 cm	86 cm	95 cm	102 cm	107 cm	111 cm	118 cm	124 cm	130 cm

Fonte: Levantamento feito pela mãe de Paulo.

a) A cada ano, a altura dele aumentou na mesma medida? _____

b) A altura dele aumentou mais de 1 ano para 2 anos ou de 4 para 5 anos?

_____

c) Quantos metros de altura Paulo tinha quando completou 9 anos? _____

d) Quando Paulo atingiu a altura de 1 metro, ele tinha quantos anos completos?

_____

e) A mãe de Paulo não anotou na tabela, mas Paulo nasceu com 50 cm. Quanto ele cresceu no primeiro ano de vida? _____

2 A mãe de Carla também fez anotações sobre a altura dela ao longo dos primeiros nove anos de vida. Entretanto, ela montou um gráfico com blocos coloridos.

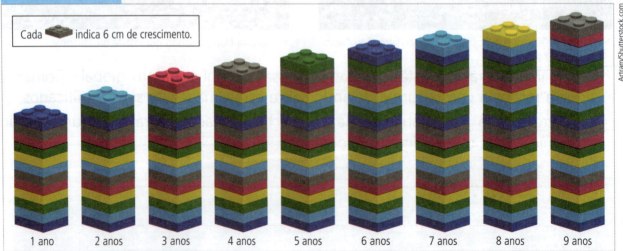

Alturas de Carla
Cada [bloco] indica 6 cm de crescimento.

Fonte: mãe da Carla.

a) Se Carla nasceu com 48 centímetros de altura, quanto ela cresceu no primeiro ano de vida? _____

b) De 1 ano para 3 anos, ela cresceu quantos centímetros? _____

c) Ela cresceu mais de 2 anos para 3 anos ou de 6 para 7 anos?

_____

d) Qual é a altura de Carla aos 9 anos de idade em metros? _____

3 Na casa da avó de Luíza foi feito um canteiro retangular para plantar flores. Esse canteiro tem 3,50 m por 6,20 m.

A avó de Luíza resolveu colocar tela em volta para cercá-lo. Ao todo, quantos metros de tela ela utilizou?

_____

4 Complete as frases.

a) 1 hora corresponde a _____ minutos

b) 120 minutos correspondem a _____ horas

c) Se 1 minuto tem 60 segundos, então 10 minutos têm _____ segundos.

5 Quem viveu mais, uma pessoa com meio século de vida ou uma pessoa com 5 décadas de vida?

_____

_____

6 Complete as lacunas.

a) 1 tonelada corresponde a _____ quilogramas

b) 1 quilograma corresponde a _____ gramas

c) 1 litro corresponde a _____ mililitros

d) 1 hora corresponde a _____ minutos

7 Resolva cada um dos problemas.

a) Um caminhão transporta 5 toneladas de farinha de trigo. A quantos quilogramas corresponde essa quantidade de farinha?

_____

b) Uma jarra tem 1 litro de capacidade. Quantos copos cheios de 100 mL são necessários para encher essa jarra?

_____

c) Quantos metros percorreu uma pessoa que andou 11 km de manhã e outros 3,5 km à tarde?

_____

8 Observe o ângulo formado entre o ponteiro das horas e o dos minutos, indicado pelo arco vermelho, em cada relógio e marque um **X** naquele que forma ângulo reto.

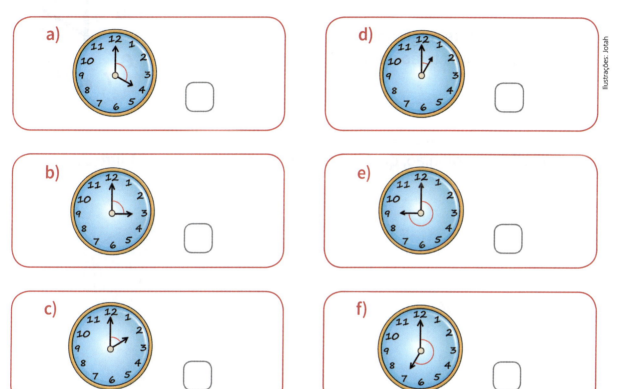

9 Cada um dos instrumentos a seguir é utilizado para estabelecer uma medida. Escreva a grandeza relacionada a cada instrumento conforme o exemplo.

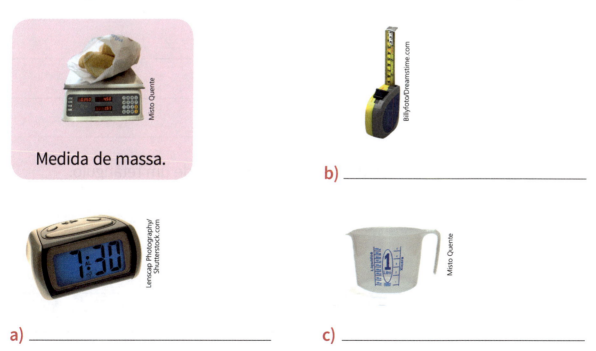

Medida de massa.

a) _____

b) _____

c) _____

10 Responda às questões a seguir.

a) Que horário está indicado no relógio?

_____

b) Quando o ponteiro grande der uma volta completa, quantos minutos terão passado?

_____

11 A seringa, o copo, a garrafa e a caixa-d'água estão cheios de água. Em sua opinião, qual deles pode conter exatamente 1 litro de água?

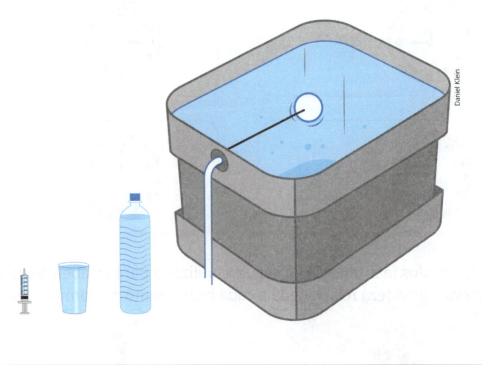

_____

_____

_____

12 Explique como podemos determinar o perímetro de um retângulo.

_____

_____

_____

_____

13 Bianca montou um quadrado utilizando todas as peças de um Tangram feito em malha quadriculada, com quadradinhos de 1 cm² de área. Observe:

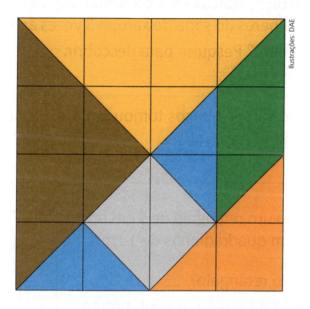

Depois, ela utilizou as mesmas peças para montar um gatinho, veja:

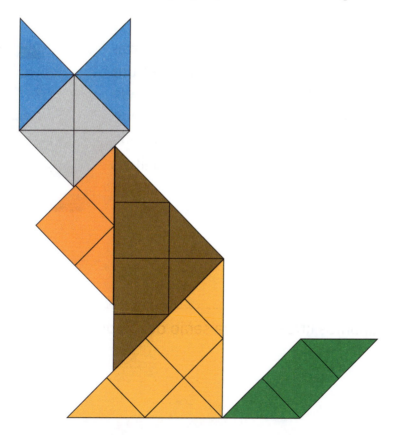

- Qual é a área do gatinho?

14 Marcos amanheceu com dor no corpo. Sua mãe observou que ele estava bem quente. Utilizou um termômetro e verificou que estava com 38 °C. Depois de ser examinado por um médico, Marcos teve de tomar alguns remédios, entre eles um xarope. Tomou 2 colheres de sopa de xarope 3 vezes ao dia, durante 3 dias.

a) Marcos estava com febre? Pesquise para descobrir.

_____

b) Quantos mililitros de xarope Marcos tomou em 3 dias? Atenção: 1 colher de sopa tem aproximadamente 5 mL.

_____

15 Ao desenhar no caderno um retângulo de 5 cm por 3 cm, André dividiu-o em quadradinhos de 1 cm.

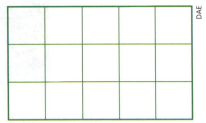

a) Qual é o perímetro do retângulo?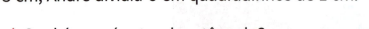

b) Qual é a área desse retângulo em centímetros quadrados?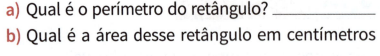

16 Patrícia observou que havia uma torneira com vazamento de água em sua casa. Colocou abaixo dela um balde de 5 litros e percebeu que em 15 minutos ele ficou completamente cheio de água. Imagine que esse vazamento continue dessa forma e responda:

a) Em quanto tempo serão desperdiçados 25 litros de água?

_____

b) Em 3 horas quantos litros de água serão desperdiçados?

_____

17 Todos os dias na casa de Pedro é consumido $\frac{1}{4}$ de quilograma de feijão nas refeições.

a) Escreva, na forma decimal, a quantidade de feijão em quilograma consumido por dia na casa de Pedro: _____.

b) Complete:

Dias	Consumo de feijão em kg
1	
2	
10	

Desafio

1 Você conseguiu resolver o desafio da escada, proposto no início da unidade? Volte ao desafio e faça um desenho de uma escada com 23 degraus para verificar se é a solução do desafio.

2 Agora procure resolver o desafio de uma lesma tentando subir uma parede.

Primeiro, converse com os colegas para saber deles quem já viu uma lesma. Na imagem ao lado é possível conhecê-la. Ela se move muito lentamente.

Vamos ao desafio!

Uma lesma resolve subir uma parede de uma construção com 12 metros. Só que ela tem uma pequena dificuldade: durante o dia sobe 3 metros, mas à noite ela acaba escorregando e descendo 2 metros. Em quantos dias ela chegará ao topo da parede?

UNIDADE 5
Geometria

Veja o desafio que Sabrina encontrou no jornal. Ela observou que figuras iguais representam algarismos iguais e figuras diferentes, algarismos diferentes.

▸ Descubra os algarismos.

Observando objetos

Atualmente muitas propagandas de produtos são feitas via internet. Os anúncios não apenas informam os preços mas também descrevem os itens à venda, com ilustrações e fotografias. Assim, o possível comprador pode conhecer esses detalhes. No caso da venda de automóveis, por exemplo, as empresas apresentam o veículo aos clientes na internet por meio de fotografias em diferentes posições.

Observe a seguir as fotografias de um carro anunciado na internet.

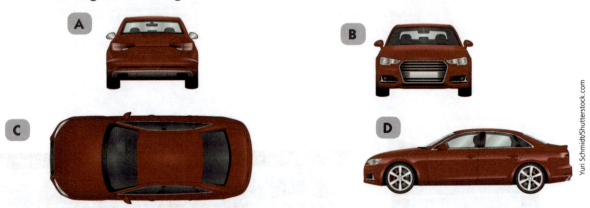

Converse com os colegas sobre as questões a seguir e as respondam.

- O que representa a fotografia **C**?
- Qual fotografia indica a lateral do carro por onde entra o motorista?
- O que diferencia a fotografia **A** da fotografia **B**?

Vamos a um pequeno desafio!

Abaixo estão imagens vistas de diferentes posições de um objeto que normalmente é colocado na sala de uma casa. O desenho 1 representa o objeto como o vemos de lado e o desenho 2, como o vemos de cima.

- Qual é o nome desse objeto? _____
- No quadro, faça um desenho de como você o veria de frente.

Figuras geométricas espaciais

Você já viu, nos anos anteriores, objetos que lembram figuras geométricas espaciais. Também podemos identificar essas formas em construções e embalagens. Observe alguns exemplos nas fotografias de grandes construções espalhadas pelo mundo.

▶ La Géode. Parque La Villette, Paris.

▶ Obra *Torres do telhado*, Museu Bonn, Alemanha.

▶ Torre de Westhafen. Porto de Frankfurt, Alemanha.

▶ Pirâmide de Memphis. Memphis, Estados Unidos.

▶ Edifício em Bangcoc, Tailândia.

Certamente você identificou nessas construções formas parecidas com figuras geométricas.

> Os elementos não estão representados em proporção.

◆ Escreva o nome das figuras geométricas identificadas nessas construções.

_____

◆ A forma de sua sala de aula é parecida com a de um bloco retangular?

_____

◆ Você já viu algum objeto que tem a mesma forma do cubo? Qual?

_____

Cento e setenta e um 171

Vamos conhecer um pouco melhor as figuras geométricas espaciais. Algumas têm apenas **superfícies planas**. Essas superfícies são chamadas de **faces**. Além disso, existem outros elementos nas figuras geométricas. Veja:

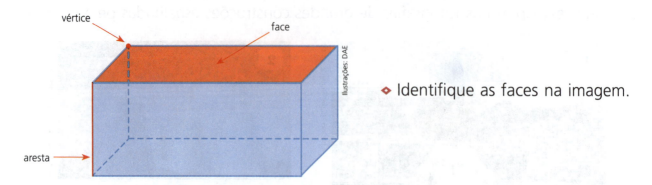

• Identifique as faces na imagem.

O encontro de duas faces é um **segmento de reta** denominado **aresta**. Já o encontro de duas ou mais arestas é um ponto denominado **vértice**.

Complete a frase.

• O bloco retangular tem _____ faces, _____ arestas e _____ vértices.

• Dizemos que a esfera é completamente curva por ela não ter superfícies planas.

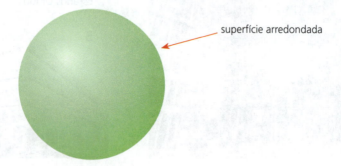

• O cilindro é formado por uma superfície não plana e duas superfícies planas.

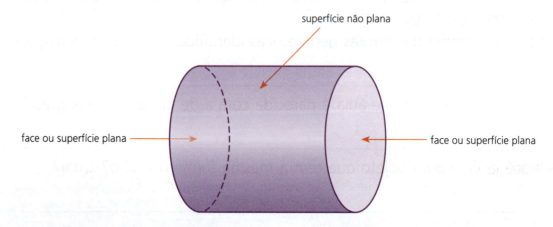

1. Observe a imagem de uma casquinha de sorvete e a de uma figura geométrica que se parece com ela.

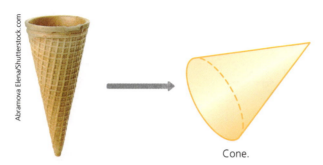

Cone.

a) O cone é formado apenas por superfície não plana? _____

b) Que superfícies você identifica no cone?

_____

c) Juntamente com alguns colegas você irá montar um cone. O molde do cone está na página 311, na seção **Encartes**. Siga as instruções do professor.

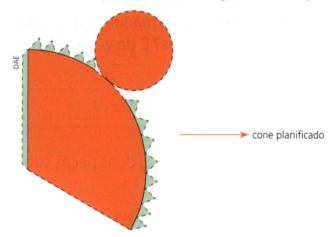

cone planificado

2. Os dados que usamos em jogos e brincadeiras têm o formato de uma figura geométrica denominada cubo.

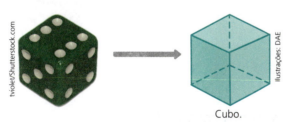

Cubo.

◆ Complete o quadro com os elementos de um cubo.

Elementos	Faces	Arestas	Vértices
Quantidades			

Cento e setenta e três **173**

3 Os dois moldes a seguir são planificações de sólidos geométricos.

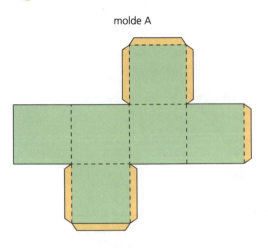
molde A

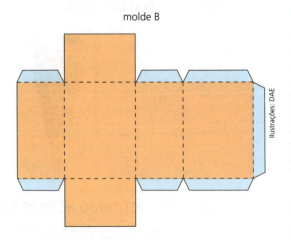
molde B

a) Complete a frase: O molde **A** representa a planificação de um _____

e o molde **B** representa a planificação de um _____.

b) Recorte as planificações das páginas **313** e **315**, da seção **Encartes**, e monte-as.

c) Compare os sólidos geométricos formados com as planificações **A** e **B**. Qual deles tem maior número de arestas? E de vértices? E de faces?

_____

_____

4 O pai de Marta é marceneiro. Ele construiu duas peças com formatos de **prismas**. Observe-as.

prisma de **base** quadrada

prisma de **base** triangular

a) O que essas formas têm em comum? _____

b) O que elas têm de diferente? _____

_____

_____

Em um **prisma**, além das duas faces que são as bases, há também as **faces laterais**.

Um prisma de base quadrada é também um paralelepípedo (bloco retangular), pois podemos dizer que um quadrado é um retângulo que tem todos os lados iguais.

5 Observe a seguir os desenhos de alguns prismas.

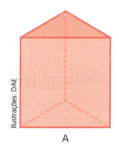
A

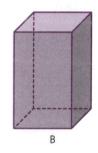
B

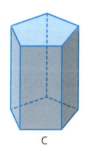
C

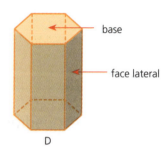
D — base, face lateral

a) Complete:

Prisma	Nº de faces laterais	Nº de arestas em cada base	Nº de bases
A			
B			
C			
D			

b) Compare o número de faces laterais com o número de arestas de uma das bases de cada prisma. O que você observou? _____

6 Alguns projetos arquitetônicos propõem maior uso de luz do sol, reduzindo, assim, o consumo de energia elétrica na iluminação. Uma das tecnologias utilizadas nesses projetos são claraboias de vidro, como mostra a fotografia ao lado.

a) Essa estrutura tem a forma de prisma? _____

b) Qual é a forma das faces de vidro visíveis?
_____

Cento e setenta e cinco **175**

7 O molde abaixo representa a planificação de um sólido geométrico. Recorte a planificação da página 317, da seção **Encartes**, monte-a e depois complete a frase.

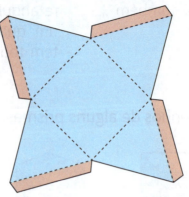

- Essa _____ tem ao todo _____ faces: _____ são triangulares e _____ é quadrada.

8 Recorte a planificação da página 319, da seção **Encartes**, monte-a e responda às questões.

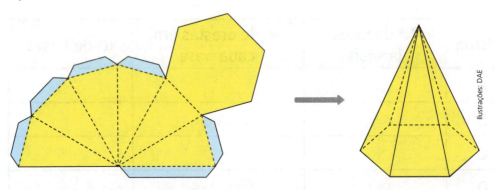

a) Quantos vértices essa pirâmide tem? _____

b) Quantas faces? _____

c) Dessas faces, quantas têm forma de triângulo? _____

9 Junte-se a alguns colegas. Em grupo, vocês farão a montagem de uma estrutura em forma de pirâmide. Planejem o modo como farão a construção. Vocês precisam decidir:

- que material usar para montar a estrutura – sugestões: canudinhos, palitos de sorvete etc.;
- como unir as extremidades dessa estrutura – sugestões: barbante, cola, massinha de modelar etc.

Depois que a estrutura estiver pronta, apresentem-na à turma.

Uma face da pirâmide é a base, e as demais são as faces laterais, que têm a forma de triângulo.

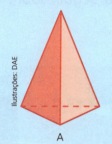
A

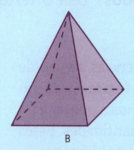
B

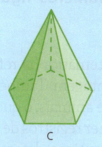
C

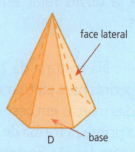
D — face lateral, base

10 Observe as pirâmides **A**, **B**, **C** e **D** acima e faça o que se pede.

a) Complete:

Pirâmide	Nº de faces laterais	Nº de arestas em cada base	Nº de bases
A			
B			
C			
D			

b) Se compararmos o número de faces laterais ao número de arestas na base de cada pirâmide, o que podemos concluir? _____

c) Em uma pirâmide, o que você pode concluir sobre o número de faces e o número de vértices? _____

11 Em um bloco retangular podemos observar três medidas: comprimento, largura e altura. Veja, por exemplo, os cubinhos do Material Dourado representados na figura a seguir.

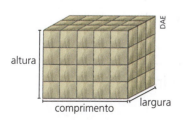

Complete a frase.

◆ Nesse bloco foram utilizados _____ cubinhos no comprimento, _____ cubinhos na largura e _____ cubinhos na altura.

Figuras geométricas planas

Você já ouviu falar em **números figurados**? Leia o texto a seguir sobre esses números.

Na história da Matemática há referências ao uso de pedras para efetuar contagem. Também foram encontradas marcas em ossos de animais, o que indica que essa foi a primeira forma de fazer registros de quantidades. Esses métodos são bastante antigos, datam da pré-história.

Muito tempo depois, aproximadamente há 2500 anos, apareceram grupos de pessoas que se reuniam para aprender e ensinar. Um desses grupos eram os pitagóricos. Eles falavam de política, religião, filosofia, música e tantas outras coisas interessantes. Foi deles a ideia de utilizar, por exemplo, pedrinhas para formar determinadas sequências numéricas e geométricas que ficaram conhecidas como números figurados.

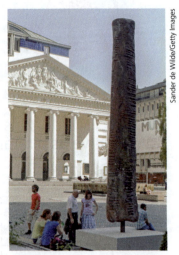

▶ Réplica do osso de Ishango na Praça Munt, em Bruxelas.

Observe dois exemplos desses números, só que, em vez de pedras, utilizamos bolinhas:

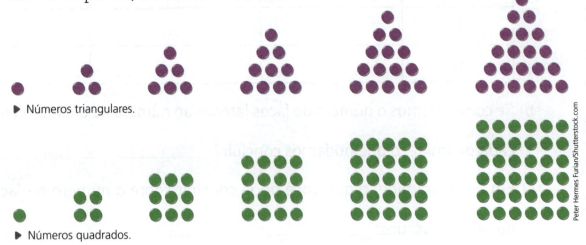

▶ Números triangulares.

▶ Números quadrados.

Fonte: Howard Eves. *Introdução à história da Matemática*. Campinas: Editora da Unicamp, 2011.

◆ Onde estão os números nas figuras representadas? _____

_____

◆ Escreva a sequência dos seis primeiros números triangulares.

_____

◆ Escreva a sequência dos seis primeiros números quadrados.

_____

Você viu anteriormente que podemos utilizar moldes de planificações para construir figuras geométricas espaciais. Nesses moldes há formas geométricas planas.

- Planificação do cilindro: tem um **retângulo** e dois **círculos**.

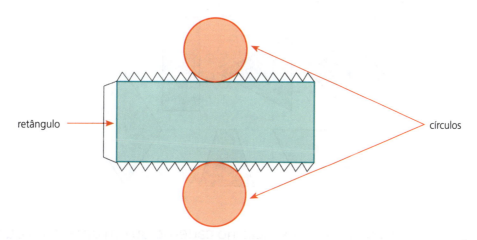

O contorno do círculo é uma **linha curva** fechada chamada **circunferência**.

Já o contorno do retângulo são quatro **linhas retilíneas** ou quatro **segmentos**. Esses segmentos são chamados de **lados** do retângulo. O encontro de dois lados de um retângulo é um ponto chamado **vértice**.

- Planificação da pirâmide: tem quatro **triângulos** e um **quadrado**.

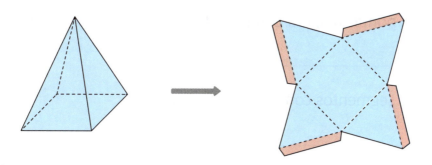

Observe o quadrado e o triângulo a seguir e responda:

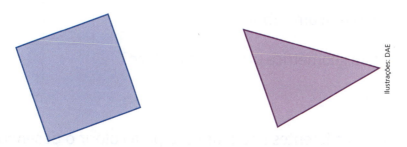

- Quantos lados há no quadrado? E quantos vértices? _____

- Quantos lados há no triângulo? E quantos vértices? _____

1 Na malha quadriculada a seguir foram desenhadas algumas formas geométricas planas.

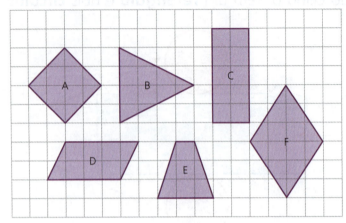

- Copie essas formas geométricas no caderno ou em uma folha quadriculada utilizando uma régua. Depois escreva o nome de cada uma delas.

2 Vamos lembrar um pouquinho a ideia de simetria. A linha vermelha é um eixo de simetria. No lado direito dela você deve desenhar uma figura simétrica à figura que está no lado esquerdo.

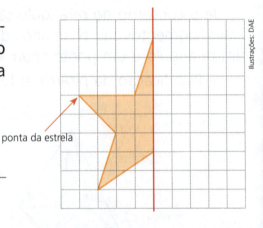

a) Quantas pontas a figura completa tem?

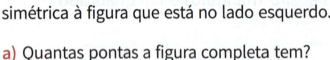

b) Quantos segmentos contornam a figura?

_____

3 Numa cartolina Laura fez o desenho ao lado, correspondente à planificação de um cubo.

a) Quantas faces tem um cubo? _____

b) Qual é a figura geométrica plana de cada face?

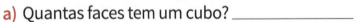

c) Quantas cores diferentes Laura utilizou para colorir o desenho? _____

d) Depois de montado o cubo, o que as faces de mesma cor indicam?

_____

180 Cento e oitenta

4 O quadrado tem 4 eixos de simetria, como você pode observar nas figuras a seguir.

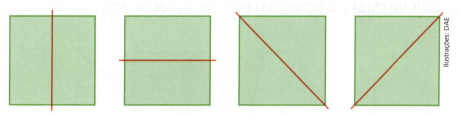

◆ Desenhe um retângulo, no quadro a seguir, com 10 cm de medida de um lado e 3 cm de medida do outro lado. Depois indique os eixos de simetria dele.

5 A turma de Duda fez um painel com a palavra **Simetria** e com a imagem dela gerada pelo eixo de simetria em vermelho. Veja o resultado:

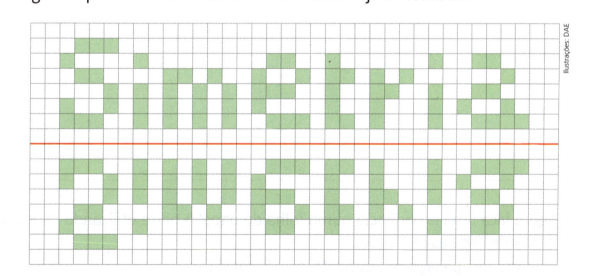

◆ Faça você também a imagem simétrica do número 25; mas, agora, com o eixo de simetria vertical. Você vai descobrir algo muito curioso.

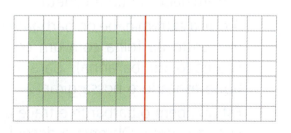

6 A seguir estão representados quatro trapézios. Em um deles há um eixo de simetria. Indique qual é traçando o eixo de simetria nele.

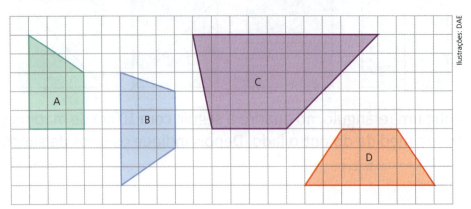

7 A fotografia ao lado é de uma construção com janelas em forma de círculo. O contorno de um círculo é uma circunferência.

a) Coloque uma moeda no quadro a seguir e trace uma circunferência em volta dela. Para obter o círculo, pinte a região interna dessa circunferência.

b) Agora faça uma experiência numa folha de papel à parte utilizando caneta e barbante. Siga as instruções.

1. Amarre um pedaço de barbante de 15 cm na extremidade de uma caneta.

2. A outra extremidade do barbante deve ser fixada no centro da folha com um colchete (também chamado de bailarina), para que o barbante fique esticado e possa girar.

3. Estique bem o barbante e trace a circunferência com a caneta. Observe o desenho ao lado.

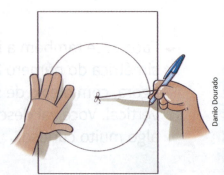

Figuras geométricas planas: polígonos

Você sabe o que é um favo de mel? Já observou algum?

Olhe com atenção a imagem de um favo de mel. Nela você pode identificar o contorno que destacamos a seguir.

Responda:

◆ O contorno é formado por quantas linhas retilíneas (lados)? _____

◆ E quantos são os vértices? _____

Esse contorno também é muito comum em pisos de cerâmica.

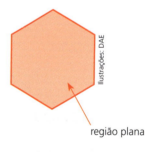

região plana

Se o contorno que determina uma região plana é fechado e formado apenas por segmentos de reta que não se cruzam, esse contorno é um **polígono**.

Cento e oitenta e três 183

Observe alguns exemplos de polígonos:

Região plana. Triângulo: polígono com 3 lados. Região plana. Quadrado: polígono com 4 lados.

Cada um dos segmentos de reta que forma o polígono é chamado de **lado**. Já o encontro de dois lados é um ponto chamado **vértice**.

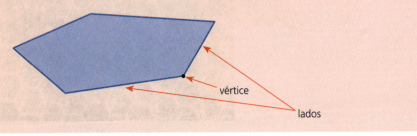

- Quantos lados e quantos vértices há no polígono acima? _____

1 Antônio utilizou uma régua e desenhou no caderno quatro polígonos diferentes. Veja os desenhos que ele fez:

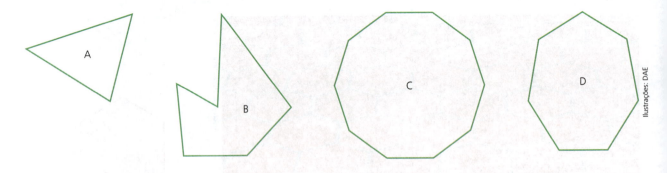

a) O polígono que tem 3 lados tem ao todo quantos vértices? _____

b) Qual é o número de lados do polígono **C**? E o número de vértices?

_____

c) O polígono **D** tem quantos vértices e quantos lados? _____

d) No polígono **B** o número de lados é igual ao número de vértices?

_____

2 Após observar a região plana desenhada a seguir e seu contorno, responda: O contorno dessa região plana é um polígono? Justifique.

_____

_____

3 Observe cinco polígonos chamados de **quadriláteros**.

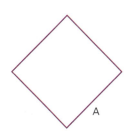  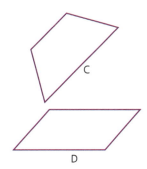 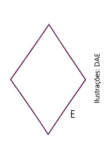

a) Em uma folha quadriculada, utilizando uma régua, desenhe esses cinco polígonos.

b) Agora complete:

Polígono	Nome	Número de vértices	Número de lados
A			
B			
C			
D			
E			

c) O que esses polígonos têm em comum?

_____

_____

_____

4 Ligue uma coluna à outra conforme o nome do quadrilátero.

a)

retângulo

b)

trapézio

c)

quadrado

d)

paralelogramo

e)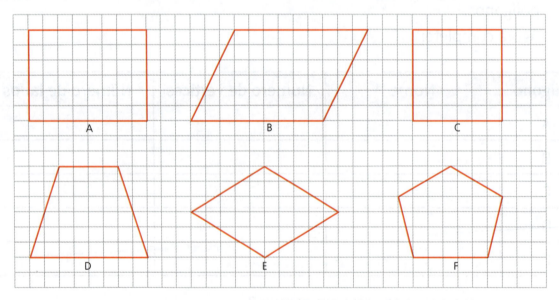

losango

5 Pinte apenas os quadriláteros na malha quadriculada a seguir.

Agora responda às questões.

a) Todas as figuras são polígonos? _____

b) Todas as figuras têm o mesmo número de lados e o mesmo número de vértices? _____

6 Pinte cada polígono desenhado na malha pontilhada e, depois, complete com o nome e o número de lados e vértices.

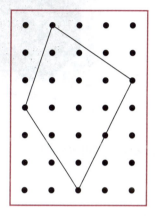 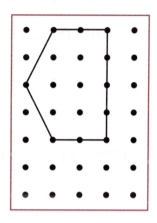 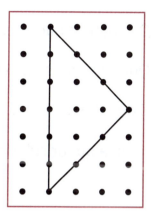

a) Nome: _____

____ lados

____ vértices

b) Nome: _____

____ lados

____ vértices

c) Nome: _____

____ lados

____ vértices

7 Observe o desenho composto de 5 figuras que Lorena fez em uma folha de papel.

Agora responda: O que essas figuras têm em comum?

_____

_____

Cento e oitenta e sete **187**

8 Observe a fotografia ao lado, de uma janela feita de madeira.

a) No caderno, desenhe o contorno dessa janela.

b) O contorno que você desenhou é um polígono? _____

c) Quantos lados ele tem? _____

d) E quantos vértices? _____

9 Na malha quadriculada a seguir foram representados quatro polígonos.

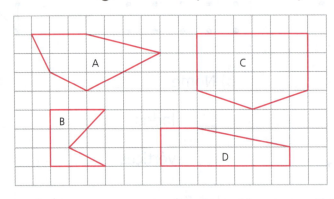

a) O que esses polígonos têm em comum?

_____

b) Qual desses polígonos admite um eixo de simetria? _____

10 Observe os polígonos das faces laterais e da base das pirâmides desenhadas a seguir.

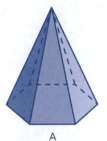
A

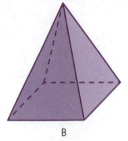
B

C

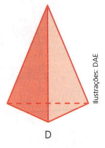
D

◆ Complete a tabela.

	A	B	C	D
Número de lados do polígono de cada face lateral				
Número de lados do polígono da base				

11. Observe na figura ao lado o contorno de uma estrela de 9 pontas.

a) Complete: A estrela é um polígono formado por _____ lados e _____ vértices.

b) Desenhe no caderno uma estrela em forma de polígono que tenha 5 pontas.

c) Quantos lados e quantos vértices tem o polígono correspondente à estrela que você desenhou? _____

12. O objeto ilustrado ao lado tem a forma de um prisma. As bolinhas de metal correspondem aos vértices do prisma, e as hastes representam as arestas.

a) Quantas faces laterais ele tem? _____

b) E quantas bases? _____

c) As bases são polígonos com quantos lados? _____

d) Quantos são os vértices em cada base? _____

e) Qual é o número total de vértices? _____

f) Qual é o número total de faces? _____

g) Quantas arestas ele tem ao todo? _____

13. Considere os quatro polígonos representados na malha quadriculada.

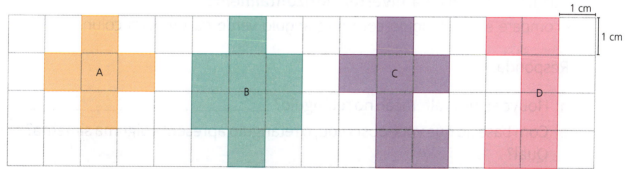

◆ No caderno, monte um quadro e indique nele o número de lados, de vértices e o perímetro, em centímetros, de cada polígono.

Já utilizamos o editor de textos para escrever, criar figuras planas, copiar e rotacionar essas figuras. Nesta atividade, vamos verificar se algumas figuras admitem simetria. Para isso, inicialmente desenhe um retângulo, uma estrela e um triângulo. Em seguida, faça duas cópias de cada figura e posicione-as lado a lado. Você se lembra como fazer cópias das figuras? Basta usar a ferramenta Copiar e, em seguida, Colar.

Para verificar se essas figuras têm um eixo de simetria vertical, vamos utilizar a ferramenta **Inverter horizontalmente**.

A localização dessa ferramenta varia em cada versão do *software*, mas, em geral, com a figura selecionada, você pode encontrar a ferramenta na guia **Formatar**, como um subitem da opção **Inverter** ou dentro do menu **Girar**. Seu ícone pode ser ou . Vamos fazer um teste com as figuras da segunda coluna, em roxo em nosso desenho:

- selecione o retângulo roxo;
- clique na ferramenta **Inverter horizontalmente**;
- compare esse retângulo com o retângulo verde da primeira coluna.

1 Responda:

a) Houve alguma alteração no retângulo? _____

b) Com base no que você observou, o retângulo apresenta alguma simetria? Qual?

Aplique a ferramenta **Inverter horizontalmente** nas outras figuras que você desenhou e verifique se alguma das outras figuras também tem simetria vertical.

Agora vamos utilizar a ferramenta vizinha ao **Inverter horizontalmente**, que é a ferramenta **Inverter verticalmente**. O botão que a identifica pode ser ou .

Aplique a ferramenta **Inverter verticalmente** nas figuras da terceira coluna, em azul, e compare o resultado com as figuras da primeira coluna, isto é, as verdes.

2 O que você pode dizer sobre as figuras que não se alteraram depois de aplicada a ferramenta **Inverter verticalmente**?

_____

_____

3 Dê um exemplo de uma figura que tenha:

a) eixo de simetria vertical, mas não horizontal;

_____

b) eixo de simetria horizontal, mas não vertical;

_____

c) eixo de simetria horizontal e vertical.

_____

4 Agora um pequeno desafio para você: Desenhe no quadro a seguir uma figura que não tenha eixo de simetria nem horizontal, nem vertical. Você pode usar o computador para testar seu desenho.

Deslocamentos e vistas de objetos

No esquema estão indicadas ruas perto da escola e também outros lugares.

As linhas coloridas indicam os percursos de Júlia e Lucas, de casa até chegar à escola.

Observe atentamente o esquema acima e responda às questões.

◆ A casa de Júlia fica na esquina do cruzamento de quais ruas?

_____

◆ Qual é o nome da rua em frente à escola? _____
◆ Quem mora na Rua do Rio?

_____

◆ Qual dos dois trajetos é mais curto: o de Júlia ou o de Lucas? _____

Utilizamos mapas para nos localizar melhor em diversas situações. Muitas vezes queremos nos deslocar de um lugar a outro e procuramos, geralmente, o caminho mais curto. Outras vezes, em uma cidade, precisamos saber qual é o caminho menos congestionado, isto é, que não tenha muito trânsito.

Você sabe o que é um mapa?

> Mapa é a representação simplificada das ruas, construções, áreas verdes, rios etc. de uma região.

Você sabe o que são **ruas paralelas**? E **ruas transversais**? Sabe o que é **esquina**?

No desenho abaixo veremos que Elivelton mora na Rua dos Jardins, esquina com a Rua 23: no mapa o local está indicado pela letra **A**. Já Marlene mora na Rua das Flores, que é **paralela** à Rua do Sol. A casa de Marlene, indicada pela letra **B**, fica na esquina da Rua das Flores com uma transversal, que é a Rua 21.

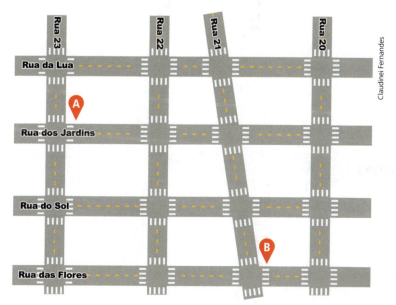

- Escreva o nome de uma rua que seja paralela à Rua 20. _____

- A Rua 23 e a Rua 21 são paralelas? _____
- Observe como você pode desenhar, com o auxílio de uma régua e de um esquadro, **linhas paralelas**.

 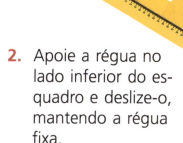 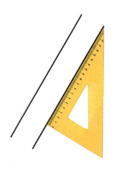

1. Trace uma reta qualquer, depois alinhe um dos lados do esquadro a essa reta.

2. Apoie a régua no lado inferior do esquadro e deslize-o, mantendo a régua fixa.

3. Trace outra reta alinhada à primeira.

As duas linhas traçadas dessa maneira são paralelas.

- Agora, desenhe no caderno, duas linhas paralelas e uma linha transversal a essas duas paralelas.

1 Falamos de ruas paralelas e ruas transversais. Agora observe novamente a planta de ruas e faça o que se pede.

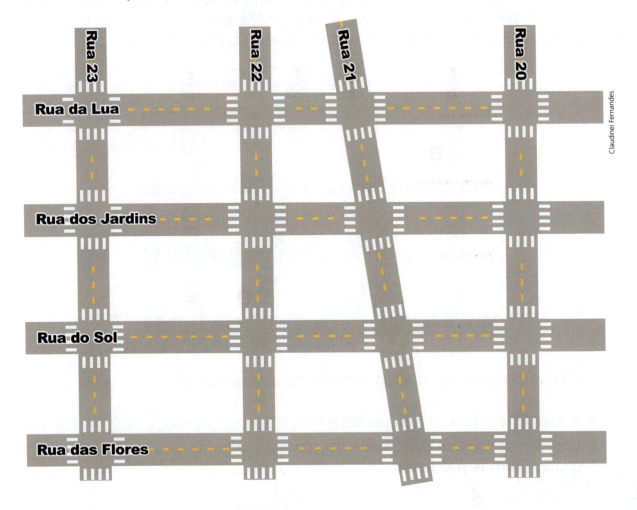

a) Cite duas ruas que são paralelas.

_____

_____

b) Cite duas ruas que formam ângulo reto.

_____

_____

Quando duas retas se encontram e formam um ângulo reto, dizemos que essas retas são **perpendiculares**.

Indicamos um ângulo reto pelo símbolo ⦜.

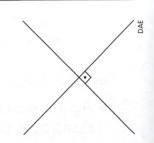

Observe na ilustração como podemos desenhar linhas perpendiculares com o auxílio de uma régua e de um esquadro.

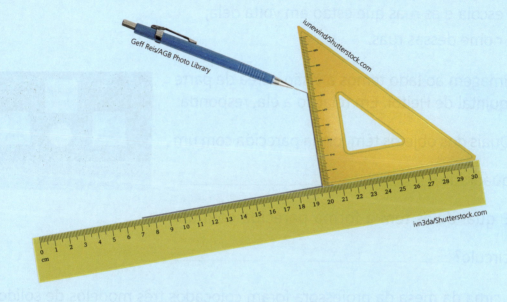

Se você tiver um esquadro e uma régua, poderá fazer esse desenho.

2 Na malha quadriculada abaixo, utilizando uma régua, desenhe:
- duas linhas paralelas;
- duas linhas perpendiculares.

Cento e noventa e cinco **195**

3 No caderno, com orientação do professor, desenhe um mapa de sua escola. Nesse desenho, devem aparecer:

- a escola e as ruas que estão em volta dela;
- o nome dessas ruas.

4 Na imagem ao lado temos a visão aérea de parte do quintal de Heitor. Em relação a ela, responda:

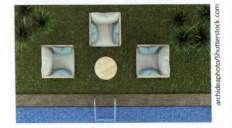

a) Quais dos objetos têm forma parecida com um quadrado? _____

b) E qual deles tem a forma parecida com um círculo? _____

5 Em cima da mesa da professora foram colocados três modelos de sólidos geométricos: cubo, cone e cilindro.

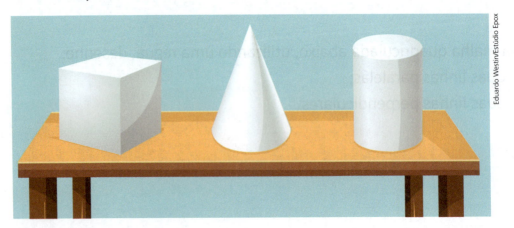

- Desenhe no quadro a seguir a superfície de cada sólido que está em contato com a mesa.

6 Um bloco colorido foi colocado em cima de uma mesa. Em seguida, a professora pediu a Luciane, Artur e Henrique que olhassem, de posições diferentes, esse bloco.

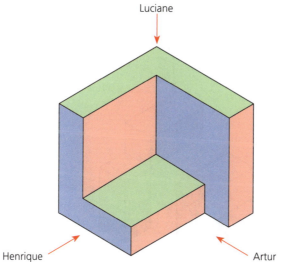

Os desenhos a seguir representam como seria a vista do bloco colorido da perspectiva de visão de cada criança.

1
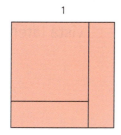

2
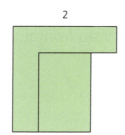

3
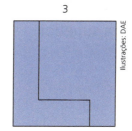

◆ Escreva na linha a seguir o nome das três crianças e o número correspondente ao desenho que melhor representa o que elas estão visualizando.

_____

7 As sete fichas coloridas e o símbolo **$** foram colocados num tabuleiro de cartolina dividido em quadradinhos. Na figura o número indica a linha e a letra indica a coluna. Assim, podemos dizer que a localização do símbolo **$** é 3J, isto é, linha 3 e coluna J.
Utilizando as informações do tabuleiro, escreva as localizações das sete fichas indicando a linha e a coluna, nessa ordem.

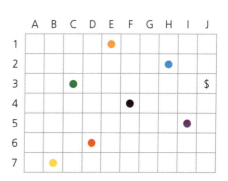

_____

8 Vários blocos coloridos em forma de cubo foram empilhados para mostrar aos alunos as vistas de um mesmo objeto: vista superior, vista frontal e vista lateral. As vistas estão indicadas com setas.

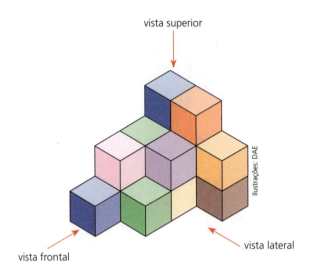

Em cada malha a seguir desenhe a vista pedida e pinte os quadradinhos com as mesmas cores dos blocos correspondentes da imagem acima.

a) vista superior

b) vista frontal

c) vista lateral

9 Observe o labirinto em que Mateus vai entrar. Como você está olhando a representação de cima, pode ajudá-lo a encontrar a saída. Escreva as instruções que ele deve seguir.

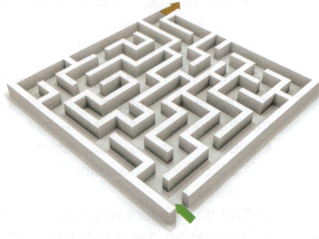

_____

_____

_____

_____

10 Você já desenhou linhas paralelas com o auxílio de uma régua. Agora veja como obter linhas paralelas fazendo dobradura com uma folha de papel. Siga as instruções.

- **A**: Pegue uma folha de papel retangular.
- **B**: Dobre essa folha exatamente ao meio.
- **C**: Dobre novamente a folha ao meio.
- **D**: Agora desdobre a folha.

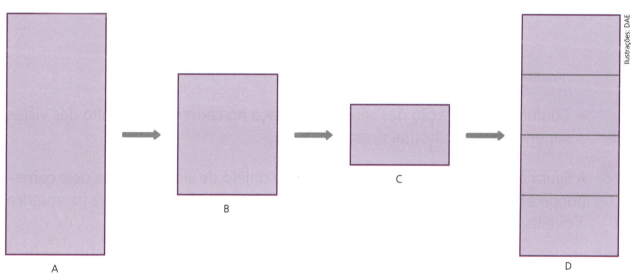

Note que as linhas correspondentes às dobras são paralelas.

11 O quadrado, o retângulo, o paralelogramo, o trapézio e o losango têm lados opostos paralelos. Observe que nos quadriláteros abaixo foram representadas linhas paralelas. Desenhe, com uma régua, se possível, em cada quadrilátero, duas linhas paralelas nos outros dois lados.

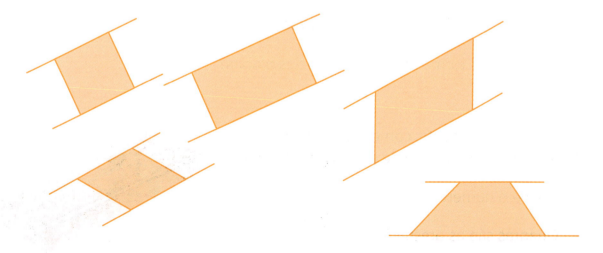

- Observe que o _____ não tem dois pares de lados paralelos.

Revendo o que aprendi

1 Utilizando 5 cubinhos, Pedro formou a figura a seguir.

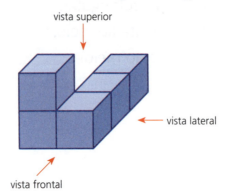

- Conforme a indicação das setas acima, faça no caderno o desenho das vistas superior, lateral e frontal dessa figura.

2 A figura a seguir, à esquerda, representa um objeto de vidro. A forma dele corresponde à metade de um cilindro. Observe as linhas tracejadas na figura geométrica à direita.

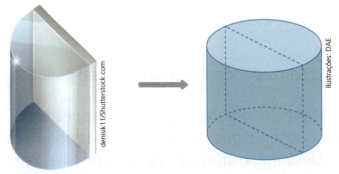

a) O objeto é formado apenas por superfícies planas? _____

b) Quantas superfícies planas o objeto tem? _____

c) Quais são as formas dessas superfícies planas? _____

_____

3 Uma caixa de presente, como a da imagem, tem o formato parecido com o de um bloco retangular.

a) Qual é o número de faces? _____

b) Quantas são as arestas? _____

c) Qual é o número de vértices? _____

4 O molde a seguir representa a planificação de um sólido geométrico.

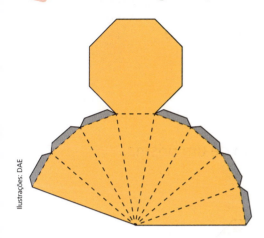

a) Qual é o sólido geométrico correspondente a essa planificação? _____

b) Complete: Esse sólido geométrico é formado por _____ faces laterais em forma de triângulo e _____ face em forma de polígono com _____ lados.

5 Ramon desenhou no caderno um pentágono, isto é, um polígono com 5 lados. Depois ligou com segmentos os vértices *A* e *C*, *C* e *E*, *E* e *B*, *B* e *D* e ainda *D* e *A*, conforme a figura à direita. Para sua surpresa, no centro da figura formou-se um novo pentágono.

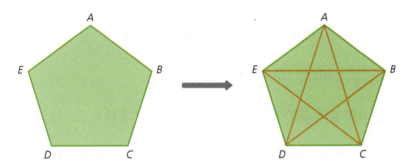

a) Com uma régua, desenhe um pentágono e ligue os vértices não consecutivos, como Ramon fez, e verifique se, com essa construção, forma-se um novo pentágono.

b) Agora, como desafio, desenhe um pentágono em que não se verifique essa propriedade.

6 Observe a estrela de 6 pontas ilustrada ao lado e responda às questões.

a) Já estudamos que essa figura plana é um polígono. Qual é o número de vértices dele? _____

b) Quantos lados esse polígono tem? _____

7 A seguir está representado o molde da planificação de um prisma.

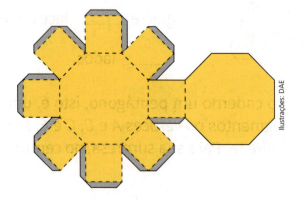

a) O prisma montado com essa planificação tem _____ faces: _____ faces laterais e _____ faces das bases.

b) Cada base é um polígono que tem _____ lados e _____ vértices.

8 Utilizando 7 hexágonos recortados em cartolina, Paula formou um novo polígono colocando os hexágonos lado a lado, como representado a seguir.

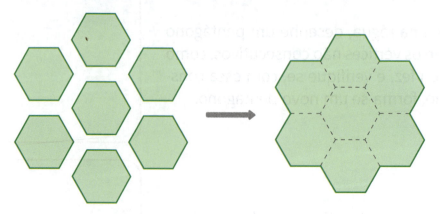

a) Quantos vértices ele tem? _____

b) Qual é o número de lados? _____

Desafio

1 No início desta unidade apresentamos um desafio com formas geométricas e algarismos. Você conseguiu resolvê-lo sozinho? O que achou do desafio? Agora propomos a você outro desafio, com os números naturais de 1 a 8. Eles devem ser dispostos na figura ao lado, um em cada círculo. O desafio é colocá-los de tal forma que aqueles que estiverem nos círculos ligados pelos segmentos vermelhos tenham a mesma soma dos números colocados nos círculos ligados por segmentos verdes.

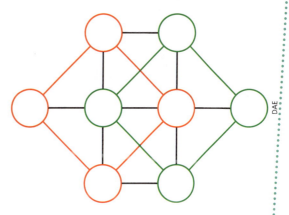

Para ir mais longe

Livros

▶ **Se você fosse um polígono**, de Marcie Aboff. São Paulo: Editora Gaivota, 2011.

O polígono pode ser encontrado em diversas situações de nosso cotidiano. Com ilustrações divertidas, o texto aproxima a criança dessa figura geométrica. O leitor encontrará um polígono irregular nas pipas de uma família de hipopótamos e descobrirá, observando o desenho da casa dos sonhos do urso Douglas, que o triângulo é um tipo de polígono. No final, o livro sugere uma atividade prática sobre os temas, proposta como desafio, e apresenta um glossário para esclarecer eventuais dúvidas.

▶ **Turma da Mônica e as formas**, de Mauricio de Sousa. São Paulo: Melhoramentos, 2008.

Mônica, Cebolinha e toda a turma apresentam ao leitor, de forma divertida, informações sobre as formas geométricas.

Duzentos e três **203**

UNIDADE 6
Multiplicação

- Se todas as 6 pessoas que estão na sala apertarem as mãos entre si uma única vez, qual será o número total de apertos de mãos?

A ideia de proporcionalidade

No fim de semana, Joaquim convidou os amigos para brincar no sítio de sua avó. Ele pediu a ela que fizesse o bolo de fubá delicioso do qual ele tanto gosta. Ela disse que faria com o maior prazer, só que gostaria de saber quantos amigos ao todo iriam, pois precisava ter uma ideia da quantidade necessária de ingredientes.

Foi então que Joaquim falou:

– Serão 12 crianças!

A receita a seguir é a do bolo de fubá, que rende 12 pedaços. Entretanto, considerando que, após algumas horas de brincadeira, a fome das crianças naturalmente aumenta, a avó de Joaquim resolveu **duplicar** a receita para garantir que todos pudessem comer bem.

Bolo de fubá

(12 pedaços)

Ingredientes:

- 4 ovos
- 2 xícaras (chá) de açúcar
- 2 xícaras (chá) de trigo
- 1 xícara (chá) de fubá
- 3 colheres (sopa) de margarina
- 1 xícara (chá) de leite

◆ O que é duplicar um número? _____

◆ Se para 1 receita são necessários 4 ovos, quantos ovos serão necessários para duplicar a receita? _____

◆ Se para 1 receita são necessárias 3 colheres (sopa) de margarina, quantas colheres de margarina serão necessárias para duplicar essa receita?

Agora converse sobre estas questões com a turma:

◆ Se 1 litro de leite custa 6 reais, quanto custam 2 litros de leite?

◆ Se 2 maçãs custam 4 reais, quanto custam 8 maçãs?

Multiplicação com números naturais

A família de Lorena programou um passeio em meio à natureza no próximo feriado prolongado. Eles escolheram a cidade de Bonito, situada no estado de Mato Grosso do Sul.

Para planejar o passeio, fizeram os cálculos do gasto que teriam. Ao todo eles pagariam – por transporte, estadia e alimentação –, 4 parcelas iguais de R$ 1.120,00.

◆ Complete com os valores que correspondem ao parcelamento.

_____ + _____ + _____ + _____ = 4 480

ou

_____ × _____ = 4 480

> A multiplicação pode indicar a **adição de parcelas iguais**.

Exemplo:

100 + 100 + 100 + 100 + 100 = 5 × 100 = 500

5 vezes 100

> Utilizamos a multiplicação para o cálculo de quantidades em **disposição retangular**.

Exemplo:
Observe os painéis de energia solar colocados no telhado da casa.

◆ Complete as lacunas.

Há 5 linhas com 7 placas em cada.

7 + 7 + 7 + 7 + 7 = _____

5 × 7 = _____

> Também podemos utilizar a multiplicação no cálculo do **número de possibilidades**.

Exemplo:

Marta está em dúvida sobre a roupa que vai usar para sair com os amigos. Ela colocou em cima da cama 2 calças (preta e branca) e 3 camisetas (vermelha, amarela e verde). Quantas possibilidades ela tem de combinar uma calça e uma camiseta? Observe a árvore de possibilidades e complete as lacunas:

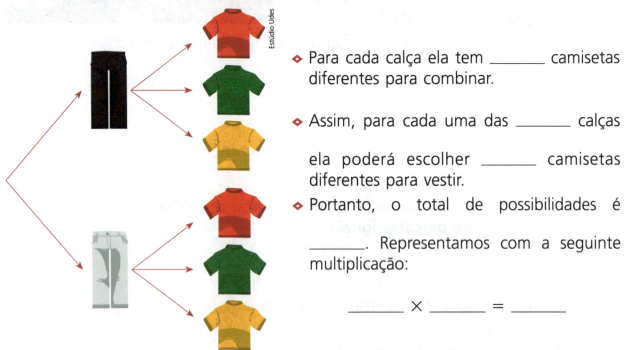

- Para cada calça ela tem _____ camisetas diferentes para combinar.

- Assim, para cada uma das _____ calças ela poderá escolher _____ camisetas diferentes para vestir.

- Portanto, o total de possibilidades é _____. Representamos com a seguinte multiplicação:

_____ × _____ = _____

1 Todos os dias Antônio gasta aproximadamente 10 litros de combustível em seu veículo para levar os alunos da escola até a casa deles. Complete.

COMBUSTÍVEL	
Número de dias	Número de litros
1	10
2	
3	
4	
5	

2 Numa aula de Educação Física a professora separou a turma em grupos. Em cada grupo havia 4 meninas e 4 meninos.

a) Considere esse grupo de crianças e forme todas as duplas possíveis, mas lembre-se: em cada dupla deve haver um menino e uma menina. Utilize a primeira letra dos nomes para indicar as duplas.

_____

_____

b) Represente o total de duplas por meio de uma multiplicação. _____

3 Uma das paredes da cozinha de José é revestida integralmente por ladrilhos quadrados, todos iguais.

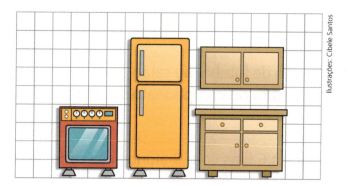

Ilustrações: Cibele Santos

Utilize uma multiplicação para calcular o número total de ladrilhos que há na parede conforme a imagem.

_____

_____

4 Observe a sequência a seguir e faça o que se pede.

| 7 | 14 | 21 | 28 | 35 | 42 | 49 | ...

a) Explique a regra de formação dela.

_____

b) Escreva os próximos 5 números dela.

_____

5 Observe a caixa de ovos a seguir e complete o quadro.

QUANTIDADE DE CAIXAS	QUANTIDADE DE OVOS
1	
2	
3	
10	
20	

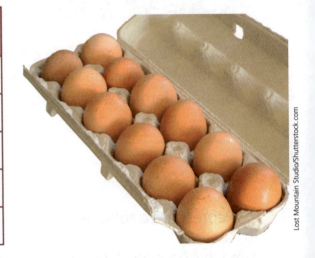

6 Resolva as situações descritas a seguir.

a) Uma caixa contém 6 refrigerantes. Quantos refrigerantes há em 10 caixas iguais?

_____

b) Em um campeonato de futebol de salão, cada time tem 5 jogadores. Quantos jogadores participaram do campeonato se, ao todo, jogaram 8 times?

_____

c) Os alunos formaram 6 filas com 9 alunos em cada. Ao todo, quantos alunos havia?

_____

d) Marcos tem 4 bonés e 6 pares diferentes de tênis. Quantas combinações diferentes ele poderá fazer com um boné e um par de tênis?

_____

7 Cada sequência numérica a seguir tem um padrão. Descubra qual é e complete-as.

a) 2 → 4 → 8 → 16 → ☐ → ☐ → ☐ → ☐

b) 1 → 3 → 9 → 27 → ☐ → ☐ → ☐

8 Complete com o número de pneus de acordo com a quantidade de automóveis.

Quantidade de automóveis	1	2	5	10	15
Número de pneus					

9 Elabore e resolva dois problemas de multiplicação seguindo as instruções dadas.

a) Problema 1: devem aparecer os números 10, 200 e 2 000.

Enunciado: _____

Resolução:

Resposta: _____.

b) Problema 2: deve incluir o número 8 e o valor de R$ 250,00.

Enunciado: _____

Resolução:

Resposta: _____.

Tabuadas da multiplicação

Em várias profissões é necessário fazer cálculos. Os profissionais que trabalham no comércio e em muitas outras atividades sabem disso.

Quando um vendedor vai dizer ao cliente o total da compra, precisa fazer cálculos. Ao dar o troco no supermercado, o caixa efetua uma subtração para, com segurança, saber quanto precisa devolver ao comprador.

Na construção de uma casa é preciso calcular a quantidade de tijolos que serão colocados em uma parede, o total de telhas para cobrir o telhado, o número de peças de cerâmica para o piso, entre outras quantidades.

Esses profissionais utilizam frequentemente a calculadora, instrumento que facilita o cálculo. Entretanto, diversas vezes, mesmo sem calculadora, fazem os cálculos. Como eles fazem isso? No caso da multiplicação, as pessoas sabem as famosas tabuadas. Você também pode aprender essas tabuadas e até brincar com elas!

Vamos testar seus conhecimentos sobre a tabuada.

- Se 3 × 4 = 12, quanto é 3 × 40? _____

- Qual é a quantia total correspondente a 8 cédulas de 10 reais? _____

- Se 9 × 7 = 63, quanto é 9 × 70? _____

Você viu anteriormente que utilizamos multiplicação em diversas situações e que nem sempre dispomos de uma calculadora. O conhecimento das operações que aparecem nas tabuadas facilita outros cálculos.

Vamos começar observando como elaborar as tabuadas. Uma maneira é fazer um quadro, considerando padrões numéricos.

- Veja na página seguinte que em cada linha há uma sequência de determinado padrão numérico. Para completá-las, descubra o padrão.

0	1	2	3	4						
0	2	4	6	8						
0	3	6	9	12						
0	4	8	12	16						
0	5	10	15	20						
0	6	12	18	24						
0	7	14	21	28						
0	8	16	24	32						
0	9	18	27	36						
0	10	20	30	40						

◆ Explique oralmente aos colegas como cada linha é formada.

O quadro abaixo apresenta as tabuadas do 1 até o 10. Observe-o com atenção.

×	1	2	3	4	5	6	7	8	9	10
1	1	2	3	4	5	6	7	8	9	10
2	2	4	6	8	10	12	14	16	18	20
3	3	6	9	12	15	18	21	24	27	30
4	4	8	12	16	20	24	28	32	36	40
5	5	10	15	20	25	30	35	40	45	50
6	6	12	18	24	30	36	42	48	54	60
7	7	14	21	28	35	42	49	56	63	70
8	8	16	24	32	40	48	56	64	72	80
9	9	18	27	36	45	54	63	72	81	90
10	10	20	30	40	50	60	70	80	90	100

Responda oralmente:

◆ Qual multiplicação tem como resultado o número 21?

◆ Os quadrinhos azuis dividem o quadro simetricamente?

1 Cada um dos 5 amigos contribuiu com 8 reais para uma campanha de arrecadação na escola.

- Indique a multiplicação para calcular a quantia que os 5 amigos juntaram e escreva o resultado.

_____

2 Soraya estava fazendo a lição de casa de Matemática quando se lembrou de seu aniversário.

Meu aniversário será em 9 semanas!

a) Complete a tabuada do 9.

9 × 0 = _____   9 × 4 = _____   9 × 8 = _____

9 × 1 = _____   9 × 5 = _____   9 × 9 = _____

9 × 2 = _____   9 × 6 = _____   9 × 10 = _____

9 × 3 = _____   9 × 7 = _____

b) Quantos dias faltam para o aniversário de Soraya?

_____

3 Observe a tabuada do 9 na atividade anterior e complete as multiplicações a seguir.

a) 9 × 20 = _____

9 × 200 = _____

9 × 2 000 = _____

b) 9 × 40 = _____

9 × 400 = _____

9 × 4 000 = _____

c) 9 × 70 = _____

9 × 700 = _____

9 × 7 000 = _____

d) 9 × 90 = _____

9 × 900 = _____

9 × 9 000 = _____

4 Para comemorar o aniversário, Márcia convidou 6 amigas e preparou para elas sacolinhas com 3 envelopes cada. Dentro de cada envelope havia 4 papéis de carta.

a) Escreva uma multiplicação com 3 fatores para calcular o total de papéis de carta que Márcia distribuiu às 6 convidadas. _____

b) Qual foi o total de papéis de carta que ela distribuiu? _____

5 Para multiplicar um número por 8, podemos primeiro multiplicá-lo por 4 e depois por 2, pois 4 × 2 = 8. Pensando dessa maneira, complete a tabuada do 8.

8 × 0 = _____   8 × 4 = _____   8 × 8 = _____

8 × 1 = _____   8 × 5 = _____   8 × 9 = _____

8 × 2 = _____   8 × 6 = _____   8 × 10 = _____

8 × 3 = _____   8 × 7 = _____

6 Observe a tabuada do 8 da atividade anterior e complete as multiplicações.

a) 8 × 30 = _____   b) 8 × 70 = _____   c) 8 × 90 = _____

8 × 300 = _____   8 × 700 = _____   8 × 900 = _____

8 × 3000 = _____   8 × 7000 = _____   8 × 9000 = _____

7 Utilizando bloquinhos cúbicos, a turma deve montar dois blocos retangulares como indicado pelas linhas tracejadas nas figuras a seguir. Calcule no caderno:

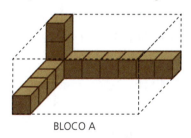
BLOCO A

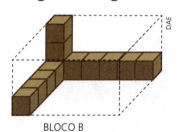
BLOCO B

a) Quantos bloquinhos cúbicos serão utilizados para formar o bloco **A**.

_____ × _____ × _____ = _____

b) Quantos bloquinhos cúbicos serão utilizados para formar o bloco **B**.

_____ × _____ × _____ = _____

8 A turma toda vai brincar de **bingo da tabuada**. Para isso, cada aluno receberá do professor uma cartela como as representadas abaixo.

BINGO		
30	15	40
49	12	63
72	6	9

BINGO		
63	32	45
28	56	16
12	81	30

BINGO		
49	72	24
35	63	7
54	36	45

A brincadeira funciona da maneira descrita a seguir.

1º A professora sorteará uma multiplicação entre as seguintes:

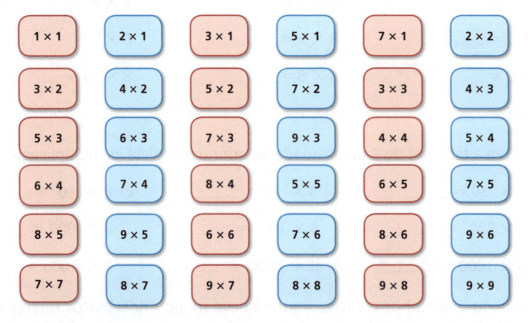

2º Você deve calcular mentalmente o resultado da multiplicação sorteada. Se na sua cartela houver o número correspondente ao resultado, marque-o com um **X**.

3º Ganha o jogo quem conseguir completar primeiro a cartela inteira.

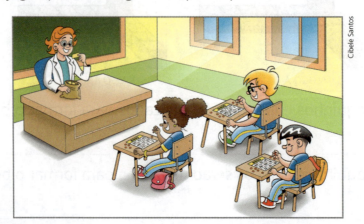

Multiplicação: procedimentos

No lançamento de um filme, o cinema da cidade ficou completamente cheio nas 7 sessões em que ele foi exibido no fim de semana. Sabe-se que na sala de exibição há 255 lugares.

Para calcular a quantidade total de pessoas que assistiram ao filme nas 7 sessões, podemos fazer uma multiplicação:

7 × 255

Essa multiplicação pode ser feita de diversas maneiras. Complete as que sugerimos a seguir.

- Pela **decomposição** do fator 255 e multiplicação de cada termo dessa decomposição pelo fator 7.

$$200 + 50 + 5$$
$$\times \qquad\qquad\quad 7$$
$$\rule{1cm}{0.4pt} + \rule{1cm}{0.4pt} + \rule{1cm}{0.4pt} = \rule{1cm}{0.4pt}$$

Assim, o total de pessoas foi de _____.

- Com o **quadro de valores**, multiplicando as unidades por 7, as dezenas por 7 e as centenas também por 7.

UM	C	D	U
	2	5	5
×			7

Essas duas maneiras de multiplicar também podem ser feitas em um esquema diferente. Complete o procedimento.

- Pela decomposição:

```
      200 + 50 + 5
  ×             7
  ───────────────
              3 5   ──→  ____ × ____ = ____
            3 5 0   ──→  ____ × ____ = ____
        + 1 4 0 0   ──→  ____ × ____ = ____
  ───────────────
            1 7 8 5
```

- Utilizando o algoritmo simplificado:

```
        2 5 5  │ Unidades: 7 × 5 = 35  ──→ _____ unidades
  ×         7  │ Dezenas: 7 × 5 = 35   ──→ _____ unidades
  ───────────  │
        1 7 8 5│ Centenas: 7 × 2 = 14  ──→ _____ unidades
```

1 Observe o que Pedro fez para calcular a quantidade de quadradinhos coloridos da malha quadriculada.

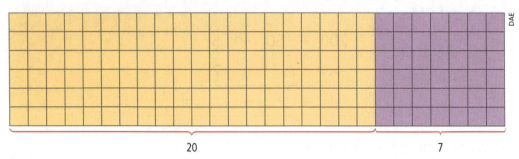

20   7

Complete:

a) A malha tem _____ linhas com _____ quadradinhos.

b) Número de quadradinhos amarelos: _____ × _____ = _____.

c) Número de quadradinhos lilases: _____ × _____ = _____.

d) Total de quadradinhos: _____ + _____ = _____.

2 Responda:

a) Em 1 hora quantos minutos se passam? _____

b) E em 9 horas? _____

c) E em 10 horas? _____

3 A compra de um computador pode ser feita em até 8 vezes sem acréscimo. Sabe-se que o valor de cada parcela é igual a 266 reais. Quanto uma pessoa pagará pelo computador se comprá-lo em 8 parcelas?

_____

4 Matias é motorista de táxi. Ele percorre aproximadamente 190 km em um dia de trabalho com seu carro. Se trabalhar 6 dias na semana, quantos quilômetros ele percorrerá aproximadamente?

_____

5 Ana é médica e leva cerca de 45 minutos para concluir uma consulta. Em um dia de trabalho ela faz 9 consultas. Em 3 dias de trabalho, quanto tempo, em minutos, ela ocupa em consultas?

_____

6 Mauro é dono de um restaurante que serve um prato com arroz, feijão, legumes e frango. Ele serve aproximadamente 65 refeições por dia e cobra 9 reais por refeição. Quanto ele arrecada em 10 dias de trabalho?

_____

7 Observe a quantia que Mara separa do salário todos os meses para aplicar na caderneta de poupança.

Quanto ela conseguirá guardar em 1 semestre?

_____

8 Complete as multiplicações a seguir com o número desconhecido para que as igualdades fiquem verdadeiras.

a) _____ × 120 = 360

b) _____ × 900 = 1 800

c) 8 × (10 + 2) = 80 + _____

d) 30 × (2 + _____) = 60 + 90

e) 4 × 30 = _____ × 4

f) 5 × _____ = 100 × 5

9 Complete as frases.

a) Se juntar 10 notas de R$ 20,00, terei R$ _____.

b) Se ando 5 km em 1 dia de treinamento, andarei _____ km em 3 dias no mesmo tipo de treinamento.

c) Se 2 caixas de lenços de papel contêm 200 lenços, em _____ caixas do mesmo tipo haverá 400 lenços.

10 A imagem ao lado representa a fachada de um edifício de 5 andares. Cada andar tem o mesmo número de janelas. Elabore um problema de multiplicação sobre essa imagem. Depois, entregue-o a um colega para que ele o resolva.

Enunciado: _____

_____

_____

Resolução:

Multiplicação: fatores com mais de um algarismo

Rodolfo contratou um pedreiro para fazer o revestimento do apartamento que comprou. O pedreiro cobrou R$ 185,00 por dia e terminou o trabalho em 17 dias.

No dia do pagamento, para saber quanto teria de pagar ao pedreiro, Rodolfo efetuou a seguinte multiplicação:

17 × 185

→ 17 dias vezes 185 reais por dia

Complete o procedimento para calcular o resultado.

- Fazemos a decomposição dos dois fatores e, depois, multiplicamos.

$$
\begin{array}{r}
100 + 80 + 5 \\
\times \quad\quad 10 + 7 \\
\hline
700 + 560 + 35 \\
1\,000 + 800 + 50 \\
\hline
\underline{\quad} + \underline{\quad} + \underline{\quad} = \underline{\quad}
\end{array}
$$

- Quais multiplicações foram feitas?

_____

- Esse procedimento da decomposição de dois fatores também pode ser escrito da seguinte forma:

(10 + 7) × (100 + 80 + 5) = 10 × (100 + 80 + 5) + 7 × (100 + 80 + 5) =

= 1 000 + 800 + 50 + 700 + 560 + 35 =

= 3 060 + 85 = _____

1 Resolva as multiplicações no caderno e complete-as aqui.

a) 12 × 45 = _____

b) 15 × 96 = _____

c) 23 × 18 = _____

d) 35 × 28 = _____

2 Observe, na malha quadriculada a seguir, o procedimento para multiplicar 18 por 24. Depois faça o que se pede.

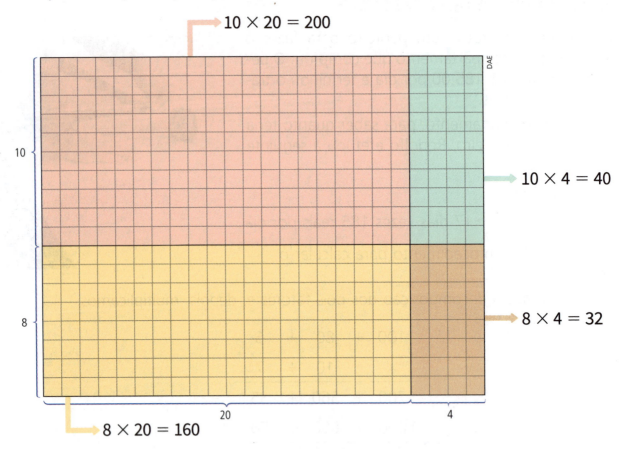

a) Indique a adição para obtermos o total de quadradinhos da malha.

_____

b) Na malha quadriculada a seguir, represente a multiplicação 12 × 17 e dê o resultado.

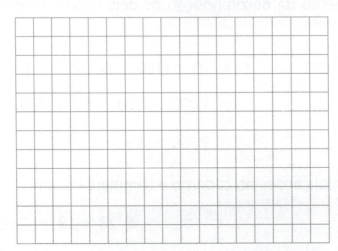

_____

3 Resolva mentalmente as multiplicações a seguir.

a) 2 × 13 = _____

   20 × 13 = _____

b) 3 × 22 = _____

   30 × 22 = _____

c) 6 × 12 = _____

   60 × 12 = _____

d) 4 × 24 = _____

   40 × 24 = _____

e) 9 × 18 = _____

   90 × 18 = _____

f) 8 × 31 = _____

   80 × 31 = _____

g) 7 × 15 = _____

   70 × 15 = _____

h) 5 × 36 = _____

   50 × 36 = _____

4 Efetue as multiplicações.

a) $\begin{array}{r} 25 \\ \times\ 13 \\ \hline \end{array}$

b) $\begin{array}{r} 46 \\ \times\ 22 \\ \hline \end{array}$

c) $\begin{array}{r} 73 \\ \times\ 16 \\ \hline \end{array}$

d) $\begin{array}{r} 231 \\ \times\ \ 14 \\ \hline \end{array}$

e) $\begin{array}{r} 334 \\ \times\ \ 28 \\ \hline \end{array}$

f) $\begin{array}{r} 625 \\ \times\ \ 15 \\ \hline \end{array}$

g) $\begin{array}{r} 829 \\ \times\ \ 41 \\ \hline \end{array}$

h) $\begin{array}{r} 752 \\ \times\ \ 32 \\ \hline \end{array}$

i) $\begin{array}{r} 654 \\ \times\ \ 19 \\ \hline \end{array}$

5 Para transportar pessoas do Rio de Janeiro até Niterói são utilizadas barcas com diferentes capacidades. Uma das barcas pode comportar 427 passageiros em cada viagem. Se ela faz 16 viagens por dia, quantos passageiros, aproximadamente, ela transporta diariamente?

Como queremos o valor aproximado, arredondamos 427 para 400:

427
↓ arredondamento para a centena mais próxima
400

a) Utilize esse número arredondado para calcular, aproximadamente, o número de passageiros que a barca transporta em um dia.

_____

b) E quantos passageiros, aproximadamente, a barca transportaria em uma semana?

_____

6 Faça as multiplicações indicadas a seguir, mas arredonde o fator maior para a dezena mais próxima.

a) 7 × 972 ⟹ _____

b) 23 × 829 ⟹ _____

c) 32 × 257 ⟹ _____

d) 14 × 281 ⟹ _____

7 Agora utilize uma calculadora e faça as multiplicações da atividade anterior, mas sem os arredondamentos. Registre os resultados.

a) 7 × 972 = _____

b) 23 × 829 = _____

c) 32 × 257 = _____

d) 14 × 281 = _____

8 Paula tinha de calcular o número total de poltronas de uma sala de teatro onde haveria um espetáculo no fim de semana. Percebendo que eram 60 filas com 90 poltronas em cada, ela fez o cálculo a seguir.

Cálculo de Paula:

6 × 9 = 54

6 × 90 = 540

60 × 90 = 5 400

Utilizando o mesmo procedimento de Paula, faça as multiplicações.

a) 80 × 70 = _____

b) 40 × 300 = _____

c) 90 × 80 = _____

d) 30 × 600 = _____

9 Regina fez um levantamento de quanto seu carro consome de gasolina. Chegou à conclusão de que a cada 16 km seu carro consumia 1 litro de gasolina. Se o tanque cheio tem 45 litros de gasolina, quantos quilômetros ela percorrerá com o carro sem abastecer?

10 O gráfico contém o levantamento do público aproximado de uma peça no teatro da cidade.

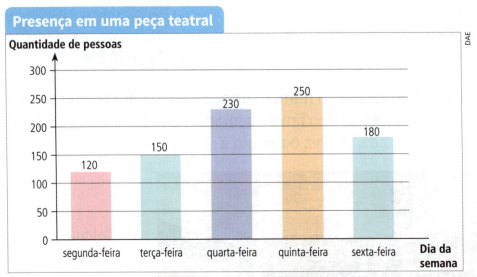

Fonte: Levantamento encomendado pelo teatro.

a) Elabore, no caderno, uma tabela com esses dados e também com o público total da semana. Use uma régua para desenhar a tabela.

b) Considerando esses valores aproximados, qual será o público em 12 semanas de espetáculo?

11 Lurdes tem uma banca de verduras e frutas. Ela encomendou 60 caixas com 36 maçãs em cada caixa. Quantas maçãs ao todo ela encomendou?

12 Juliano trabalha em uma loja que vende veículos usados. Ele recebe, aproximadamente, R$ 1.400,00 por mês de comissão pela venda de carros. Em um ano, qual é o valor aproximado que ele recebe só de comissões?

13 De um campeonato de futebol participam 24 times; cada um deles com 15 jogadores inscritos. Qual é o número total de jogadores inscritos?

_____

14 No auditório de uma escola, as cadeiras foram distribuídas em 15 fileiras. Se cada fileira tem 18 cadeiras, quantas cadeiras há nesse auditório?

_____

15 Observe os valores das cédulas de nosso dinheiro e complete as frases.

a) Juntando 12 cédulas de 100 reais temos _____ reais.

b) Juntando 45 cédulas de 20 reais temos _____ reais.

c) Juntando 700 cédulas de 5 reais temos _____ reais.

d) Juntando 73 cédulas de 10 reais temos _____ reais.

e) Juntando 50 cédulas de 50 reais temos _____ reais.

f) Juntando 2 000 cédulas de 2 reais temos _____ reais.

Revendo o que aprendi

1 Observe a multiplicação e complete o quadro.

×	10	100	1 000	10 000	100 000
3	30				
5					
6					
8					
9					

2 Para calcular a quantidade de alunos que havia na escola onde estudava, Maria observou que sua turma tinha 27 alunos. Há 8 turmas na escola, e ela imagina que todas sejam aproximadamente do mesmo tamanho da turma dela. Quantos alunos há nessa escola, aproximadamente? Calcule.

3 Complete abaixo com o número de clipes de acordo com a quantidade de caixas.

Número de caixas	Número de clipes
1	
2	
3	
7	
9	
20	

4 No escritório em que Lara trabalha são gastas, aproximadamente, 15 resmas em 1 semana para imprimir relatórios diversos. Quantas folhas de papel são gastas em um mês? Considere que o mês tenha 4 semanas.

▶ Resma é o conjunto formado por 500 folhas de papel.

_____

5 Calcule e escreva o resultado de cada multiplicação a seguir.

a) 2 × 7 = _____

 2 × 70 = _____

 20 × 7 = _____

 200 × 7 = _____

b) 4 × 3 = _____

 4 × 30 = _____

 40 × 3 = _____

 400 × 3 = _____

c) 8 × 6 = _____

 8 × 60 = _____

 80 × 6 = _____

 800 × 6 = _____

6 Calcule cada produto observando a decomposição dada de um dos fatores.

a) 7 × (200 + 30 + 8) = _____

b) 9 × (400 + 90 + 7) = _____

c) 6 × (800 + 50 + 2) = _____

7 Elabore um problema de multiplicação e apresente-o à turma. Inclua no problema os números 9, 250 e 2 250.

Enunciado: _____

_____

8 Resolva os problemas a seguir.

a) Ao comprar um carro, Elisa deu R$ 20.000,00 de entrada e pagou o restante em 7 parcelas iguais de R$ 1.200,00. Quanto ela gastou ao todo?

b) Todas as semanas, Antônio compra sacos de laranja para fazer os sucos que vende em sua lanchonete. Nesta semana ele comprou 15 sacos. Para saber o número aproximado de laranjas, ele abriu um saco e contou 85 laranjas. Assim, imaginando que em todos os sacos havia, aproximadamente, a mesma quantidade de laranjas, ele multiplicou esse número por 15 para saber o total. Qual foi o total de laranjas que Antônio comprou?

c) Pedro é motorista de ônibus. Ele dirige de Curitiba até Florianópolis, ida e volta, 5 vezes por semana. A distância entre as duas cidades é de 312 km. Quantos quilômetros Pedro percorre nessas viagens de ida e volta em uma semana?

9 Em uma atividade na escola, Beatriz tinha de calcular a quantidade de quadradinhos que havia na malha quadriculada abaixo. Para isso, ela fez alguns retângulos e indicou a quantidade de quadradinhos em cada um.

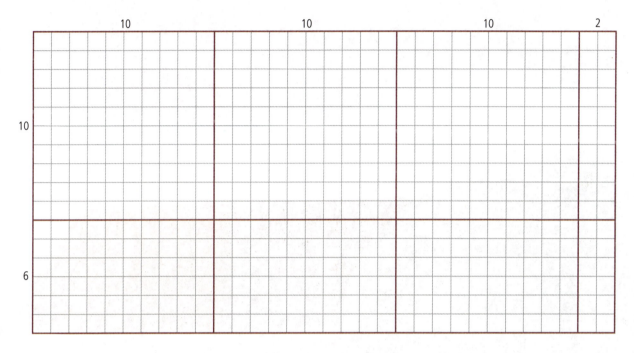

a) Indique uma multiplicação para calcular o total de quadradinhos da malha.

_____

b) Qual é a quantidade total de quadradinhos? _____

Desafio

1 Se você não resolveu o desafio do início da unidade, tente novamente. Depois, tente resolver o desafio a seguir, que também envolve multiplicação.

Seis hexágonos foram desenhados em torno de um sétimo hexágono. Em cada um dos primeiros seis hexágonos foi escrito um número. Há um segredo na colocação desses números. Você deve descobrir qual é esse segredo e indicar o número que deve ser escrito dentro do sétimo hexágono. Lembre-se de que o número do hexágono do centro está relacionado com todos os outros em volta.

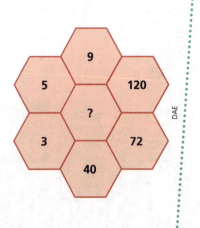

UNIDADE 7
Divisão

▶ Ajude Marcel a descobrir quantas galinhas e vacas há no sítio de tio Rodolfo.

Utilizando a divisão

Para o jantar da festa de casamento de Luíza e Mário foram convidadas 216 pessoas. O organizador da festa arranjou o local do jantar e apresentou aos noivos duas opções de mesa:

1ª opção:
mesas redondas com 6 lugares.

2ª opção:
mesas redondas com 4 lugares.

Como o local do jantar era grande o suficiente para essas duas opções e para as 216 pessoas previstas, os noivos estavam em dúvida do que seria melhor: mesa para 6 lugares ou mesa para 4 lugares.

◆ Responda oralmente: Que opção você escolheria? Justifique.

Em qualquer uma das duas opções é necessário calcular o número de mesas que deverão ser preparadas pelo organizador, você não acha? Vamos descobrir quantas mesas são necessárias. Para isso, com os colegas, você utilizará 216 cubinhos do Material Dourado para representar os convidados.

1ª opção
Forme grupos com 6 cubinhos cada. Depois complete a lacuna.

◆ Se os noivos escolherem mesas com **6 lugares**, serão necessárias _____ **mesas** para acomodar os 216 convidados.

2ª opção
Forme grupos com 4 cubinhos cada. Depois, complete a lacuna.

◆ Se os noivos escolherem mesas com **4 lugares**, serão necessárias _____ **mesas** para acomodar os 216 convidados.

Divisão com números naturais

As várias escolas da cidade resolveram fazer uma campanha para ajudar as pessoas necessitadas. Cada escola ficou encarregada de estimular os alunos e seus pais a doarem um dos seguintes itens: roupas, alimentos, brinquedos, artigos de limpeza ou de higiene pessoal.

Na escola de Laila foram arrecadados 483 itens ao todo. Esses itens foram então separados igualmente entre 3 grupos encarregados de organizar sua distribuição. Observe como Laila calculou quantos itens deveriam ser destinados a cada um dos grupos.

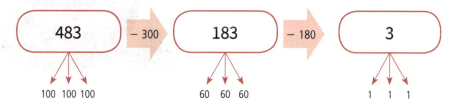

Observando o esquema utilizado por Laila, complete as frases.

- Dividir 300 por _____ resulta em _____..

- Dividir _____ por 3 resulta em 60.

- Dividir 3 por _____ resulta em _____.

- Assim, para cada grupo foram destinados _____ itens arrecadados.

Existem duas ideias importantes associadas à divisão.

> - **Divisão para repartir ou distribuir em partes iguais** — a divisão, nesse sentido, é empregada quando queremos repartir igualmente uma quantidade conhecida em um número de partes iguais.

· Exemplo:

A quantia de 350 reais será dividida igualmente entre 7 pessoas. Nesse caso, cada pessoa ficará com 50 reais.

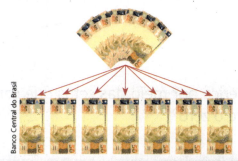

$$350 \div 7 = 50$$

Observe que $7 \times 50 = 350$. Nesse caso, a **divisão é exata**, pois não sobra dinheiro.

Duzentos e trinta e cinco **235**

> ◆ **Divisão como medida** — a divisão, nesse sentido, é empregada quando queremos saber quantos grupos podemos formar se conhecermos a quantidade total de objetos e a quantidade que cada grupo deverá ter.

Exemplo:

Os 450 morangos que foram colhidos serão distribuídos em embalagens com 10 morangos cada. Quantas são as embalagens necessárias?

Distribuímos os 450 morangos em grupos com 10 morangos cada:

$$450 \div 10 = 45$$

Portanto, serão necessárias 45 caixas para distribuir todos os morangos.

1 Uma fita de 24 cm será dividida em 4 pedaços, conforme representado na figura a seguir.

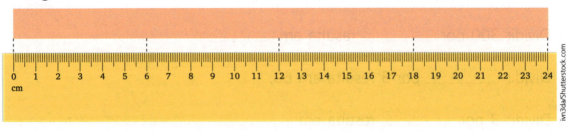

a) Complete: dividindo a fita em _____ pedaços de mesmo comprimento, cada pedaço terá _____ centímetros de comprimento, pois 24 ÷ _____ = _____.

b) Dividindo um barbante de 240 cm de comprimento em 4 pedaços de mesmo comprimento, quantos centímetros terá cada pedaço?

2 Você já viu que os números naturais podem ser representados numa reta numérica. Nela também podemos representar determinadas operações entre esses números.

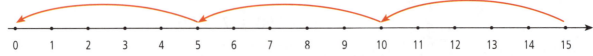

◆ Que operação está indicada na reta numérica por meio das setas que começam no número 15 e voltam de 5 em 5 até o zero?

3 Elabore uma situação de divisão com as ideias a seguir:

a) a divisão utilizada para **repartir igualmente**;

_____

_____

_____

b) a divisão utilizada como **medida**.

_____

_____

_____

4 Maurício organizou 35 clipes de papel da seguinte maneira:

a) Em quantos grupos esses clipes foram organizados? _____

b) Cada grupo tem a mesma quantidade de clipes? Sobraram clipes?

_____

c) Como você representaria o total de clipes, conforme a organização de Maurício, por meio de uma multiplicação? _____

d) Essa separação dos 35 clipes pode ser representada por meio de uma divisão. Qual é essa divisão? _____

5 Responda:

a) Quando dividimos 200 por 10, o resultado é 20. Se dividirmos 200 por 20, qual será o resultado? _____

b) Ao trocar 1 cédula de 100 reais por cédulas de 5 reais, quantas serão as cédulas de 5 reais? _____

6 Numa folha de papel Laura desenhou 38 estrelinhas e, depois, separou-as em grupos com a mesma quantidade em cada grupo. Observe como ela fez:

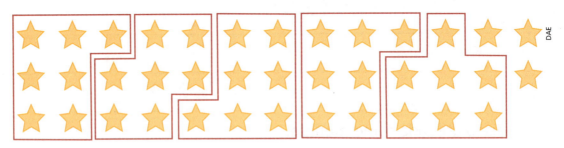

a) Ela fez uma divisão? Qual foi? _____

b) Essa divisão é exata? _____

7 Desenhe no quadro a seguir 27 bolinhas coloridas. Depois, faça o que se pede.

a) No quadro acima, forme grupos com 5 bolinhas em cada grupo.

b) A divisão de 27 por 5 é exata? Qual é o resto da divisão?

_____

8 Resolva cada problema a seguir em seu caderno.

a) A turma tinha 24 alunos e foi separada em 3 grupos com a mesma quantidade de alunos. Quantos alunos ficaram em cada grupo?

b) A quantia de 100 reais foi dividida igualmente entre amigos, ficando cada um com as cédulas representadas ao lado e não havendo sobra.

Em quantas pessoas foi dividida a quantia de 100 reais?

9 Observe a sequência a seguir para responder às questões.

$$9 \rightarrow 16 \rightarrow 23 \rightarrow 30 \rightarrow 37 \rightarrow 44 \rightarrow 51 \rightarrow ...$$

a) O que acontece de um número para o seguinte?

_____

b) Se dividirmos cada termo da sequência por 7, o que acontecerá?

_____

10 Resolva cada uma das seguintes situações:

a) Lilian trabalha 42 horas semanais, de segunda-feira a sábado, e no domingo ela não trabalha. Em média, quantas horas ela trabalha por dia?

_____

b) Um aluno tem o mesmo número de aulas todos os dias, de segunda a sexta-feira. Ao todo ele assiste a 30 aulas. A quantas aulas ele assiste por dia?

_____

c) Você deverá separar 90 etiquetas em grupos com 10 etiquetas cada um. Assim, em quantos grupos essas etiquetas estarão distribuídas?

_____

d) Camila vai trabalhar todos os dias de carro, de segunda a sexta-feira. Ela verificou que ao todo percorre 120 quilômetros nesses dias. Calcule, em média, quantos quilômetros ela percorre a cada dia.

_____

11 Elabore, no quadro a seguir, um problema que envolva divisão com os números 3 000 e 10. Em seguida, apresente-o aos colegas.

Divisão e multiplicação

Em um restaurante, para o preparo de uma receita especial de suco de laranja são utilizadas sempre 5 laranjas. Assim, o responsável pela cozinha organiza as laranjas em pacotes com essa quantidade.

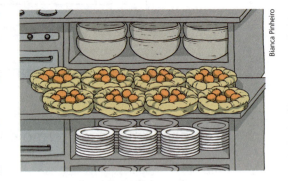

Observe os pacotes de laranjas que estão em cima da bancada.

◆ Ao todo, quantas laranjas estão em cima da bancada?

_____

◆ Que multiplicação você utilizaria para obter esse total de laranjas?

_____

◆ O total de laranjas está dividido igualmente em 8 pacotes. Que divisão pode fornecer o número de laranjas em cada pacote?

_____

◆ Ainda nessa situação, o total de laranjas está distribuído em pacotes com 5 laranjas em cada um. Que divisão pode fornecer a quantidade de pacotes?

_____

Você notou que na situação anterior foram utilizados três números: 40, 5 e 8. Assim podemos relacionar três números por meio de multiplicação ou divisão. Observe:

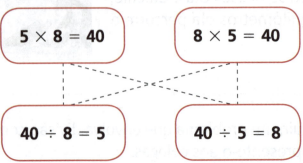

◆ Na prática, dizemos que o que uma dessas operações faz a outra desfaz. Assim, podemos utilizar a multiplicação para verificar se a divisão foi feita corretamente, e podemos usar a divisão para verificar se a multiplicação foi feita corretamente.

1 O dono da cantina da escola compra os sucos em embalagens com a mesma quantidade de garrafas em cada uma. Observe os sucos que estão no estoque da cantina.

a) Quantas garrafas ao todo há no estoque da cantina? Explique como você calculou. _____

_____

b) Com base no total de garrafas, como podemos saber a quantidade de embalagens com 6 garrafas? _____

c) Com base no total de garrafas e sabendo-se que há 7 embalagens, como podemos determinar o número de garrafas por embalagem?

_____

2 A turma toda, formada por 28 alunos, será dividida em 7 grupos. Assim, para saber quantos alunos ficarão em cada grupo, a professora fez na lousa a seguinte divisão:

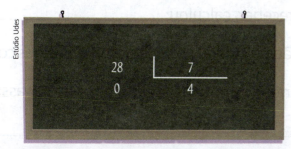

Escreva uma multiplicação para verificar se a divisão está correta.

_____

_____

3 Verifique, no caderno, por meio da multiplicação, se estas divisões estão corretas.

a) 490 ÷ 7 = 70

b) 350 ÷ 5 = 80

c) 216 ÷ 6 = 36

d) 150 ÷ 5 = 35

e) 800 ÷ 4 = 200

f) 720 ÷ 3 = 210

4 Complete:

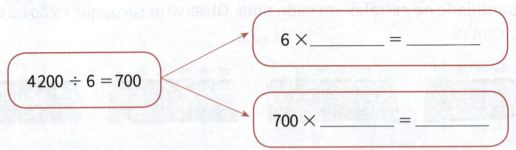

5 Escreva no quadro 2 multiplicações e 2 divisões usando somente os três números dados. Utilize calculadora para verificar os resultados. Veja o exemplo:

Números	Multiplicação	Multiplicação	Divisão	Divisão
450, 50 e 9	9 × 50 = 450	50 × 9 = 450	450 ÷ 9 = 50	450 ÷ 50 = 9
1 600, 8 e 200				
1 024, 4 e 256				
999, 3 e 333				
1 001, 11 e 91				
343, 7 e 2 401				

6 Cada situação abaixo pode ser representada por uma multiplicação ou por uma divisão. Escreva a operação que completa corretamente cada caso.

a) Juliana retirou 400 reais de um caixa eletrônico em cédulas de 2 reais. Para saber quantas cédulas ela deveria receber, calculou: _____.

b) Num campeonato de futebol de salão da cidade participaram 10 equipes com 5 jogadores em cada equipe. A quantidade total de jogadores pode ser assim calculada: _____.

c) O valor de 900 reais foi pago em 9 parcelas de mesmo valor. Assim, o valor de cada parcela pode ser calculado por: _____.

d) Cada mesa tinha 8 cadeiras. No salão havia ao todo 12 mesas. O número total de cadeiras pode ser obtido da seguinte maneira: _____.

Divisão: procedimentos

A família de Lucas fará uma viagem de férias. Eles pretendem percorrer vários lugares pelo Brasil. A ideia é conhecer a Região Sul: as praias, as cidades mais importantes e as atrações turísticas. Utilizando um roteiro, observaram que devem percorrer 2 988 quilômetros nos dias de passeio entre as cidades.

▶ Cataratas do Iguaçu. Foz do Iguaçu, Paraná.

▶ Ponte Hercílio Luz. Florianópolis, Santa Catarina.

▶ Gramado, Rio Grande do Sul.

Como seriam 9 dias de passeio, resolveram calcular quantos quilômetros teriam que, em média, percorrer a cada dia. Assim, fizeram a seguinte divisão:

2 988 ÷ 9 = 332

Numa calculadora podemos fazer essa divisão apertando as seguintes teclas:

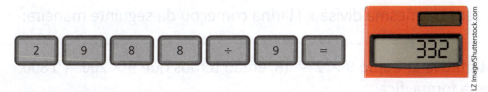

- E como você faria essa divisão sem a calculadora?

Vamos observar alguns procedimentos para fazer uma divisão entre dois números naturais. É importante que você compreenda como cada procedimento pode ser utilizado para efetuar uma divisão. Você terá algumas situações para verificar se entendeu cada um deles.

Duzentos e quarenta e três

Podemos fazer a **divisão por estimativa**, isto é, o método longo.

Estimativa 1: Como 9 × 3 = 27, temos que 9 × 300 = 2 700. Logo, temos:

$$\begin{array}{r|l} 2\,988 & \underline{\,9\,} \\ -2\,700 & 300 \\ \hline 288 & \end{array}$$

Estimativa 2: Como 9 × 3 = 27, temos que 9 × 30 = 270. Assim:

$$\begin{array}{r|l} 2\,988 & \underline{\,9\,} \\ -2\,700 & 300 + 30 \\ \hline 288 & \\ -270 & \\ \hline 18 & \end{array}$$

Dividimos então 18 por 9, ou seja:

$$\begin{array}{r|l} 2\,988 & \underline{\,9\,} \\ -2\,700 & 300 + 30 + 2 \\ \hline 288 & \\ -270 & \\ \hline 18 & \\ -18 & \\ \hline 0 & \end{array}$$

Portanto, 2 988 ÷ 9 = 332.

1 Ao fazer essa mesma divisão, Marina começou da seguinte maneira:

> **Estimativa 1**: Como 9 × 2 = 18, então temos que 9 × 200 = 1 800. Dessa forma, fica:
>
> $$\begin{array}{r|l} 2\,988 & \underline{\,9\,} \\ -1\,800 & 200 \\ \hline 1\,188 & \end{array}$$

Continue no caderno a divisão iniciada por Marina.

2 Neste mês Marta foi convidada para diversas festas de aniversário. Gastou 873 reais somente em presentes. Como comprou todos numa mesma loja *on-line*, efetuou o pagamento em 3 parcelas iguais, mas com 24 reais de juros.

a) Que quantia total Marta pagará?

_____

b) Qual é o valor de cada parcela? Para responder, utilize a divisão por estimativa.

_____

3 Efetue as seguintes divisões por meio de estimativas.

a) 748 ÷ 7

b) 9573 ÷ 6

c) 299 ÷ 4

d) 6231 ÷ 5

Numa divisão existem denominações para seus termos, isto é:

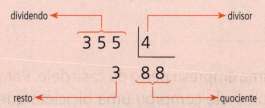

Você pode relacionar esses termos da seguinte maneira:

dividendo = divisor × quociente + resto

355 = 4 × 88 + 3

Quando o resto é igual a zero, a **divisão é exata**. Se o resto é diferente de zero, a **divisão é não exata**.

4 Num fim de semana, 8 amigos foram a uma lanchonete para comemorar o aniversário de um deles. Ao final do encontro resolveram dividir igualmente a conta de 57 reais entre eles. Para saber quantos reais coube a cada um deles, veja como o aniversariante fez.

7 subtrações sucessivas do número 8

Esse é o procedimento das **subtrações sucessivas**.

a) Qual é o quociente da divisão acima? _____

b) Qual é o resto da divisão? _____

c) Como o resto da divisão deu 1 real, o aniversariante pagou 1 real a mais que os outros. Quantos reais cada um dos outros 7 amigos teve de pagar?

_____

5 Luciane participou de uma corrida no fim de semana. Para completar a prova, ela levou 198 minutos. Para saber quantas horas e minutos ela levou, lembrou que 1 hora corresponde a 60 minutos. Assim fez a divisão:

198 | 60

Faça essa divisão por subtrações sucessivas e responda: Quantas horas e minutos Luciane levou para completar a prova?

_____

_____

6 Carlos trabalha numa empresa perto da casa dele. Para ir ao trabalho e voltar ele comprou uma bicicleta que custou R$ 725,00. Parcelou essa compra em 5 vezes. Qual foi o valor de cada parcela?

_____

Um procedimento para efetuar a divisão é a utilização do algoritmo da divisão. Esse algoritmo representa uma forma simplificada, seguindo algumas etapas, de fazer uma divisão. Veja a seguir a divisão de 725 por 5.

- Dividimos inicialmente 7 centenas por 5:

$$
\begin{array}{r|l}
7\,2\,5 & \underline{5} \\
-\underline{5} & 1 \\
2 &
\end{array}
$$

Obtemos 1 centena e sobram 2 centenas, que na próxima passagem trataremos como 20 dezenas.

- O algarismo 2 do dividendo significa 2 dezenas; juntando essas 2 dezenas com as 20 dezenas, obtemos 22 dezenas para dividir por 5:

$$
\begin{array}{r|l}
7\,2\,5 & \underline{5} \\
-\underline{5} & 1\,4 \\
2\,2 & \\
-\underline{2\,0} & \\
2 &
\end{array}
$$

Obtemos 4 dezenas e restam 2 dezenas, que na próxima passagem trataremos como 20 unidades.

- O algarismo 5 do dividendo significa 5 unidades; juntando essas 5 unidades com as 20 unidades, obtemos 25 unidades para dividir por 5:

$$
\begin{array}{r|l}
7\,2\,5 & \underline{5} \\
-\underline{5} & 1\,4\,5 \\
2\,2 & \\
-\underline{2\,0} & \\
2\,5 & \\
-\underline{2\,5} & \\
0 &
\end{array}
$$

Obtemos 5 unidades, com resto igual a zero.

Assim, dividindo 725 por 5, obtemos 145 com resto igual a zero.

Observe a divisão de 276 por 6.

- Como o algarismo 2 do dividendo é menor que o divisor, não conseguimos dividi-lo por 6, contudo, esse número 2 corresponde a 2 centenas que é igual a 20 dezenas que juntamos as 7 dezenas do dividendo e, assim, calculamos 27 dezenas dividido por 6.

```
  2 7 6 | 6
 −2 4   | 4
  ─── 
    3
```

Obtemos 4 dezenas e sobram 3 dezenas, que na próxima passagem trataremos como 30 unidades.

- O algarismo 6 do dividendo significa 6 unidades; juntando essas 6 unidades com as 30 unidades, obtemos 36 unidades para dividir por 6:

```
  2 7 6 | 6
 −2 4   | 4 6
  ─── 
    3 6
   −3 6
   ─── 
      0
```

Obtemos 6 unidades, com resto igual a zero.

Portanto, dividindo 276 por 6, obtemos 46 com resto igual a zero.

7 Faça as divisões no caderno utilizando o algoritmo da divisão e complete.

Divisão	879 ÷ 7	428 ÷ 6	245 ÷ 9	579 ÷ 8
Quociente				
Resto				

8 A panificadora Pão Quente solicitou a uma agência bancária que trocasse a quantia de 1770 reais em cédulas de 5 reais ou em cédulas de 2 reais.

a) Essa quantia poderá ser trocada por quantas cédulas de 5 reais? _____

b) E por quantas cédulas de 2 reais? _____

9 Num restaurante os talheres são colocados em divisórias. Em cada divisória são colocados 7 talheres. Quantas são as divisórias para distribuir dessa maneira 845 talheres? Sobram talheres?

10 Resolva mentalmente as divisões exatas.

a) 16 ÷ 2 = _____   c) 81 ÷ 9 = _____   e) 18 ÷ 2 = _____

160 ÷ 2 = _____   810 ÷ 9 = _____   180 ÷ 2 = _____

1 600 ÷ 2 = _____   8 100 ÷ 9 = _____   1 800 ÷ 2 = _____

16 000 ÷ 2 = _____   81 000 ÷ 9 = _____   18 000 ÷ 2 = _____

b) 77 ÷ 7 = _____   d) 28 ÷ 4 = _____   f) 15 ÷ 5 = _____

770 ÷ 7 = _____   280 ÷ 4 = _____   150 ÷ 5 = _____

7 700 ÷ 7 = _____   2 800 ÷ 4 = _____   1 500 ÷ 5 = _____

77 000 ÷ 7 = _____   28 000 ÷ 4 = _____   15 000 ÷ 5 = _____

11 Em cada item a seguir, identifique se a divisão é exata ou não exata. Use os espaços para fazer os cálculos.

a) 970 ÷ 5

d) 976 ÷ 6

b) 798 ÷ 7

e) 4 452 ÷ 3

c) 5 678 ÷ 4

f) 9 562 ÷ 8

Divisão por números com dois algarismos

O que você vê nas imagens a seguir é um bom exemplo de reaproveitamento de material, no caso, latinhas de refrigerante. Temos uma cadeira e também vasinho de flor feitos com esse material, que normalmente seria jogado no lixo.

Existem pessoas que trabalham na coleta desses materiais, outras na reciclagem e ainda aquelas que se ocupam com a criação de belos objetos, como os que estão acima.

Joel trabalha com a coleta de latas todos os dias. Ele visita lanchonetes e restaurantes, lugares onde encontra as latas, e as coloca em grandes sacos. Em 12 dias ele coletou 14 616 latinhas.

Para determinar quantas latas em média ele recolheu por dia, fazemos a divisão de 14 616 por 12, isto é:

14 616 ÷ 12

Vamos fazer a divisão por estimativas? Complete:

```
  1 4 6 1 6  | 1 2
+ 1 2 0 0 0  | 1000 + _____ + _____
  _____
    2 6 1 6
  -
  _____

  -
  _____
          0
```

Portanto, Joel colheu em média _____ latinhas por dia.

1. Maria começou a ler um livro que tem 356 páginas. Ela normalmente consegue ler aproximadamente 16 páginas por dia.

   a) Com esse ritmo de leitura, em quantos dias, aproximadamente, ela conseguirá ler o livro inteiro? _____

   b) Se Maria dobrar o número de páginas lidas por dia, em quanto tempo terminará o livro? _____

2. Faça as seguintes divisões e, em cada caso, informe o quociente e o resto.

   a) $23\,456 \div 11$

   c) $9\,976 \div 32$

   b) $4\,872 \div 13$

   d) $7\,895 \div 60$

3. Utilize uma calculadora para verificar se as divisões que você fez na atividade anterior estão corretas. Lembre-se de que, numa divisão:

   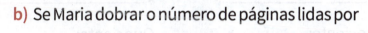

   dividendo = divisor × quociente + resto

4. A Escola Professora Antonieta Pessoa atende 2 377 estudantes do Ensino Fundamental, e todos usam transporte escolar. Cada veículo utilizado tem 32 lugares. Quantos veículos, aproximadamente, são necessários para transportar essas crianças?

Duzentos e cinquenta e um **251**

5 Utilize os resultados das multiplicações por 11 para efetuar as divisões.

a) 429 ÷ 11

c) 872 ÷ 11

3 × 11 = 33
4 × 11 = 44
5 × 11 = 55
6 × 11 = 66
7 × 11 = 77
8 × 11 = 88
9 × 11 = 99
10 × 11 = 110
11 × 11 = 121
12 × 11 = 132

Quociente: _____

Resto: _____

Quociente: _____

Resto: _____

b) 529 ÷ 11

d) 777 ÷ 11

Quociente: _____

Resto: _____

Quociente: _____

Resto: _____

6 Eduardo fez algumas divisões, porém, ao fazer a verificação, elas não estavam corretas. Encontre e explique cada erro de Eduardo.

a) 3005 | 30
   −30   100
   ─────
   005

Verificação: 30 × 100 = 3 000

b) 6015 | 60
   −60   100
   ─────
   015

Verificação: 60 × 100 + 15 = 5 000 + 15 = 5 015

7 Esses são os tipos de embalagem para ovos que um comerciante tem em seu estoque.

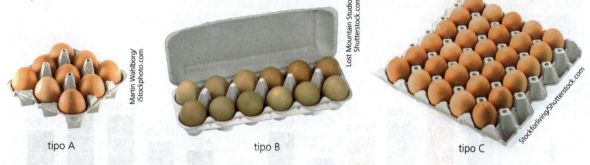

tipo A   tipo B   tipo C

Calcule quantas embalagens, de cada tipo, são necessárias para distribuir 8 640 ovos.

---

8 Quando imprimem livros didáticos, algumas gráficas o fazem em cadernos de 16 páginas cada um. Esses cadernos, então, são colados ou costurados para formar o livro. Um livro de 768 páginas tem quantos desses cadernos?

---

9 Uma compra de roupas e calçados de fim de ano, numa mesma loja, custou um total de 792 reais. Se essa quantia for paga em 11 parcelas, sem acréscimo, qual será o valor de cada parcela?

10 Eloísa fez o levantamento do faturamento de sua farmácia. O gráfico a seguir apresenta os dados desse levantamento.

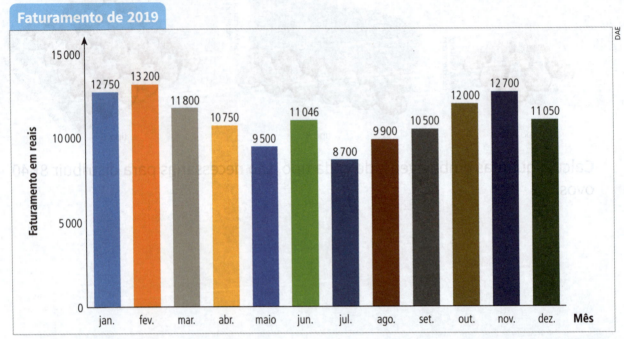

Fonte: Farmácia de Eloísa.

a) Utilize uma calculadora para descobrir o faturamento anual dessa farmácia.

_____

b) Se você dividir o faturamento anual pelo número de meses, encontrará o faturamento médio mensal. Qual é esse valor?

_____

11 Nicole precisava fazer uma retirada de 3 700 reais para pagar diversas contas. Existiam duas possibilidades para essa retirada no caixa em que ela foi: somente cédulas de 50 reais ou somente cédulas de 20 reais.

a) Determine a quantidade de cédulas de 50 reais necessárias para essa retirada.

_____

b) Determine a quantidade de cédulas de 20 reais necessárias para essa retirada.

_____

12 Complete as divisões exatas. Procure fazer os cálculos mentalmente.

a) 26 ÷ 13 = _____

260 ÷ 13 = _____

2 600 ÷ 13 = _____

26 000 ÷ 13 = _____

b) 45 ÷ 15 = _____

450 ÷ 15 = _____

4 500 ÷ 15 = _____

45 000 ÷ 15 = _____

c) 88 ÷ 11 = _____

880 ÷ 11 = _____

8 800 ÷ 11 = _____

88 000 ÷ 11 = _____

d) 48 ÷ 12 = _____

480 ÷ 12 = _____

4 800 ÷ 12 = _____

48 000 ÷ 12 = _____

13 Os 362 alunos de uma escola estão distribuídos em 12 turmas. É possível que todas as turmas tenham o mesmo número de alunos?

_____

14 Elabore um problema que envolva divisão e os seguintes números: 510, 34 e 15.

_____

_____

_____

Resposta: _____

Revendo o que aprendi

1 Uma escola comprou 7 pacotes de folhas de papel como o da imagem ao lado.

a) Ao todo, quantas folhas foram compradas?

_____

b) Para uma atividade em sala de aula, o professor Roberto irá distribuir igualmente 20 folhas para cada um dos 15 alunos da turma. De quantos desses pacotes ele precisará?

_____

2 Uma folha de papel foi dobrada ao meio duas vezes, conforme ilustração a seguir:

primeira dobra — segunda dobra

a) Se você fizer a 3ª dobra, em quantas partes iguais a folha ficará dividida?

_____

b) E em quantas partes iguais a folha ficará dividida se você fizer ainda a 4ª dobra?

_____

3 Paulo gastou 2 756 reais na compra de materiais para uma reforma na casa dele. Na hora do pagamento o vendedor lhe deu duas opções:

- 1ª opção: parcelar em 4 vezes sem acréscimo;
- 2ª opção: parcelar em 8 vezes com 252 reais de acréscimo.

Qual é o valor das parcelas em cada opção?

_____

4 Faça, no caderno, por estimativa, as seguintes divisões e preencha o quadro.

Divisão	Dividendo	Divisor	Quociente	Resto
9 567 ÷ 12				
8 533 ÷ 11				
792 ÷ 21				
298 ÷ 15				
448 ÷ 22				
2 040 ÷ 15				
3 510 ÷ 13				
999 ÷ 20				

5 Ao dividirmos 365 dias por 7, o resultado é o número de semanas em que o ano é dividido.

Dom	Seg	Ter	Qua	Qui	Sex	Sáb
1	2	3	4	5	6	7
8	9	10	11	12	13	14
15	16	17	18	19	20	21
22	23	24	25	26	27	28
29	30	31				

a) A quantas semanas correspondem 365 dias? Sobra algum dia?

_____.

b) A quantas semanas correspondem 175 dias?

_____.

c) Quantos dias correspondem a 33 semanas?

_____.

6 Escreva o quociente e o resto de cada divisão.

a) 20 ÷ 4 (quociente ____ e resto ____) f) 25 ÷ 4 (quociente ____ e resto ____)

b) 21 ÷ 4 (quociente ____ e resto ____) g) 26 ÷ 4 (quociente ____ e resto ____)

c) 22 ÷ 4 (quociente ____ e resto ____) h) 27 ÷ 4 (quociente ____ e resto ____)

d) 23 ÷ 4 (quociente ____ e resto ____) i) 28 ÷ 4 (quociente ____ e resto ____)

e) 24 ÷ 4 (quociente ____ e resto ____) j) 29 ÷ 4 (quociente ____ e resto ____)

7 Considerando as divisões da atividade anterior, responda:

a) Que números apareceram como resto dessas divisões? _____

b) Quais são os números acima que, divididos por 4, têm resto igual a 1? _____

c) Qual é o próximo número que, dividido por 4, apresenta resto igual a 1? ____

d) Quais são os números acima que, divididos por 4, têm resto igual a 3? ____

e) Qual é o próximo número que, dividido por 4, apresenta resto igual a 3? ____

8 Mateus fez a seguinte divisão:

11 | 7
4   1

a) A partir do 11, escreva os próximos 6 números naturais que apresentam resto 4 quando divididos por 7. Faça no quadro as divisões desses números por 7, se achar necessário.

b) Quando dividimos um número natural por 7, quais são os possíveis restos?

9 O dono de uma quitanda dividiu 245 laranjas em pacotes com 6 laranjas cada.

a) Quantos pacotes com 6 laranjas ele formou? _____

b) Sobraram laranjas? Se sim, quantas? _____

c) Se houvesse 251 laranjas, quantos pacotes teriam 6 laranjas e quantas sobrariam? _____

d) Escreva os próximos 3 números maiores que 251 que, divididos por 6, têm resto igual a 5: _____.

10 Elabore dois problemas que envolvam a divisão de números naturais, conforme se pede a seguir. Depois apresente a resolução desses problemas aos colegas.

Problema 1: O resto da divisão deve ser 10.

Enunciado:

_____

_____

Resolução:

Resposta: _____

Problema 2: O resto da divisão deve ser 9.

Enunciado:

_____

_____

Resolução:

Resposta: _____

11 O gráfico a seguir mostra o resultado do levantamento dos alunos de cada turma que participaram de uma palestra sobre os cuidados no trânsito.

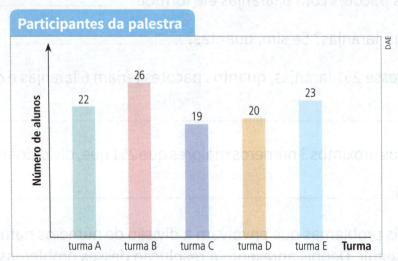

Fonte: Levantamento realizado pela escola.

a) Quantos alunos no total participaram dessa palestra?

_____

b) É correto afirmar que em média, por turma, o número de alunos que assistiu à palestra foi 20?

_____

12 Observe a divisão que Henrique fez no caderno:

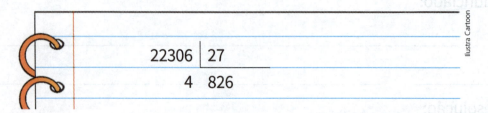

Verifique, com o auxílio de uma calculadora, se essa divisão está correta. Complete os termos corretos dessa divisão.

Dividendo: _____ ; divisor: _____ ; quociente: _____ ; resto: _____ .

13 Seu Matias comprou maçãs para vender em sua frutaria. Na hora de contá-las, descobriu que tinha 14 dúzias e mais 7 unidades.

a) Quantas maçãs seu Matias comprou?

_____.

b) Se ele fizer pacotes com 6 maçãs em cada um, quantos pacotes terá? Sobrará alguma maçã?

_____.

Desafio

1 Você resolveu o desafio das galinhas e vacas do início da unidade? Caso não tenha conseguido, sugerimos que o retome com algum colega. Agora propomos outro desafio para você. Este envolve carros e motos.

No estacionamento do centro da cidade estão estacionados 30 veículos, entre carros e motos. Contando os pneus desses veículos (excluindo-se o estepe), chega-se à conclusão de que são 96 no total. Descubra quantos são os carros e quantas são as motos.

UNIDADE 8
Noções de estatística e probabilidade

A casa de Raiane está em reforma. O telhado será trocado e as janelas da fachada são novas.

- Leia o diálogo entre Raiane e o pai e tente encontrar os 30 quadrados.

Contando o número de possibilidades

Ontem Lucy foi almoçar no restaurante perto da escola com seu pai. Chegando lá, o pai dela explicou que eles só precisariam escolher a proteína do prato, que já vem acompanhada de arroz e feijão. Eles poderiam se servir à vontade de todos os demais acompanhamentos no variado bufê de saladas.

Ela e seu pai escolheram peixe assado e, em vez de um prato tradicional, receberam uma bandeja com divisórias: no espaço maior havia arroz, feijão e peixe assado.

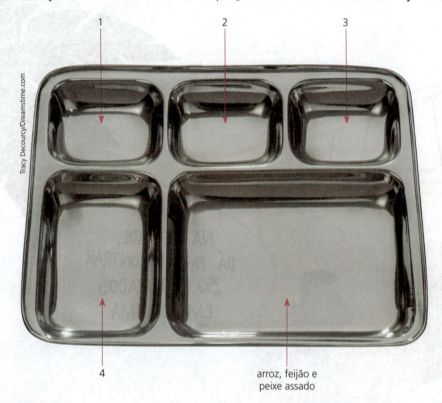

Para completar seu prato, Lucy escolheu 4 tipos de vegetais: rúcula, tomate, chicória e aspargos.

Faça um desenho no caderno que represente a bandeja com as mesmas divisórias. Siga as instruções:

- indique no desenho o espaço maior, que já está ocupado com peixe assado, arroz e feijão;
- os vegetais devem ocupar os espaços restantes sendo 1 tipo em cada espaço. Mostre pelo menos três maneiras diferentes de dispor os vegetais nos quatro espaços vazios.

A ideia de probabilidade

O professor ensinou aos alunos uma brincadeira com caixinha de fósforos. A brincadeira consiste em pegar uma caixa de fósforos e um palito usado e posicioná-lo metade para fora da caixa, como ilustrado na imagem a seguir.

Coloca-se o palito entre a parte externa e a parte interna e, então, fecha-se a caixa.

Para jogar, a caixa deve ser posicionada sobre uma superfície plana. Em seguida, o jogador deve bater com o dedo indicador na ponta do palito de fósforo para fazer a caixa pular. Dependendo da posição da caixa ao cair, a pessoa ganha, ou não, pontos. Se a caixa cair sobre as maiores faces, a pessoa não ganha ponto algum. Mas, se ela ficar em qualquer uma das posições a seguir, o jogador pontua. Quanto mais difícil for a posição, maior o número de pontos.

Posição 1   Posição 2   Posição 3   Posição 4

Que tal você descobrir brincando qual das posições é a mais difícil de ocorrer e qual é a mais fácil? Junte-se a dois ou três colegas e brinque durante um tempo para ver se consegue deixar a caixa em uma das posições das imagens acima. Em seguida, cada grupo deve anotar quantas vezes a caixa caiu em cada posição e depois relatar ao professor, que fará um *ranking* final de toda a turma indicando a dificuldade em deixar a caixinha em cada posição. Então, complete, com o professor, o número de pontos com base nos resultados de toda a turma.

Posição	Número de pontos
1	
2	
3	
4	

Vamos imaginar outra brincadeira com a caixinha de fósforos. Se você lançasse a caixa em cima da mesa, qual das posições a seguir seria mais provável de ocorrer? Discuta com os colegas.

Não sabemos, antes de lançar a caixa de fósforos, qual face dela ficará em contato com a mesa. Entretanto, podemos fazer um grande número de lançamentos para verificar qual posição ocorre mais vezes ou menos vezes. Dizemos que a posição na qual ela mais cai tem **probabilidade maior** de ocorrer, de acordo com nosso experimento.

E quando você lança um dado, qual face dele ficará oposta à encostada na superfície da mesa? Qual é o resultado mais provável?

Normalmente os dados cúbicos são fabricados com materiais homogêneos, isto é, que não interferem no resultado dos lançamentos, para garantir que cada face tenha a mesma chance de sair voltada para cima.

Dizemos que um dado é **equilibrado** se as faces têm a mesma **probabilidade** de ocorrer. Essa probabilidade de ocorrer de cada face pode ser representada pela fração:

$$\frac{1}{6}$$

Lemos: **1** situação favorável em **6** resultados possíveis.

1 Hora de brincar um pouco! Leia atentamente as regras do jogo.

1. Um de vocês deve escrever na lousa os números de 1 a 20.
2. Outro aluno deve escrever um desses números em um pedaço de papel e não deixar ninguém ver.
3. Os demais alunos, cada um na sua vez, tentam adivinhar qual número está escrito.
4. Se o aluno errar, o número que ele falou deve ser apagado, e é a vez de outro aluno tentar.
5. A brincadeira acaba quando alguém conseguir acertar o número.

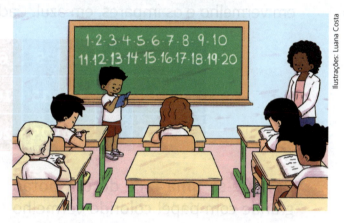

Após a brincadeira, responda:

a) Se Olívia for a primeira a tentar adivinhar o número, quantas possibilidades ela tem de escolher um número? _____

b) Se Olívia errar e logo depois for a vez de José, quantas possibilidades ele tem de escolher um dos números? _____

c) Como você representaria, com uma fração, a probabilidade de Olívia acertar o número? _____

2 Jussara e Plínio gostaram da brincadeira de ficar adivinhando resultados. Jussara resolveu brincar com um dado e Plínio, com uma moeda.

a) Jussara disse que vai sair a face com o número 3. Qual a probabilidade de Jussara lançar o dado e acertar?

_____

b) Plínio disse que vai sair a face coroa. Qual a probabilidade de Plínio lançar a moeda e acertar?

_____

3 Essa é uma brincadeira de **par ou ímpar** um pouco diferente. Um quadro deve ser confeccionado com os números de 1 a 30 em duas cores: os números pares em vermelho e os ímpares, em azul. Cada jogador escolhe par ou ímpar.

1	2	3	4	5	6	7	8	9	10
11	12	13	14	15	16	17	18	19	20
21	22	23	24	25	26	27	28	29	30

Reveste-se uma face de um botão grande com papel colorido vermelho e a outra face com papel colorido azul.

face vermelha — face azul

Modo de brincar

1. O jogo é para duas pessoas. Deve-se sortear quem irá começar. Cada jogador escolhe uma cor, lança o botão para cima e verifica se saiu a face que ele escolheu.

2. Se a face que saiu não for a cor escolhida, passa a vez para o outro jogador.

3. Se o botão cair com a cor escolhida voltada para cima, ele deve riscar um número dessa cor e lançar o botão novamente. Enquanto ele acertar, continua lançando o botão.

4. Ganha o jogo quem primeiro riscar o último número da cor escolhida.

◆ Qual dos jogadores tem maior probabilidade de ganhar o jogo?

_____

4 Faça a previsão do tempo para o próximo domingo, em sua cidade, ao meio-dia. Escolha uma das seguintes possibilidades:

ensolarado   parcialmente nublado   nublado   chuvoso

◆ Em sua cidade qual dessas possibilidades é mais comum?

_____

_____

5 Utilizando um prato de papelão, a turma do 4º ano inventou uma brincadeira. Os alunos dividiram o prato em quatro partes iguais e pintaram cada parte de uma cor diferente. Observe como ficou:

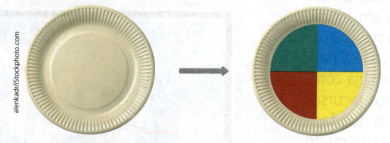

Depois, eles inventaram as **regras**.
1. Participam 4 jogadores e cada um deve escolher uma cor do prato.
2. O primeiro jogador lança um grão de milho no prato. Se o milho cair fora, o aluno deve lançá-lo novamente até que caia dentro do prato.
3. Ganha 1 ponto o jogador que escolher a cor na qual o grão de milho caiu.
4. Após o aluno que pontuou registrar seu ponto, é a vez de outro jogador lançar o milho no prato.
5. Ganha o jogo o primeiro que conseguir 5 pontos.

Responda:

a) O jogador que escolheu a cor verde lançou o milho e ele caiu dentro do prato.

   Que fração representa a probabilidade de ele acertar? _____

b) E qual fração representa a probabilidade de ele errar? _____

6 Uma nova brincadeira foi elaborada com um prato de papelão. Agora vale um prêmio. O prato foi dividido em 8 partes iguais: 1 parte azul, 2 partes amarelas, 3 partes vermelhas e 2 partes verdes, como na figura. Cada aluno jogou o grão de milho até acertar o prato. Dependendo da cor que acertasse, poderia ou não ganhar um prêmio, especificado na legenda.

■ Um pacote de pipoca
■ Uma borracha nova
■ Um lápis novo
■ Nada

Qual é a probabilidade de o jogador:

a) não ganhar prêmio algum? _____

b) ganhar um lápis novo? _____

c) ganhar uma borracha nova? _____

d) ganhar um pacote de pipoca? _____

Informações em tabelas e gráficos

As notícias que nos chegam pelos meios de comunicação procuram utilizar, normalmente, uma linguagem acessível a todos, para que a informação seja compreendida. Um dos recursos é elaborar gráficos que facilitem a leitura. Outro, muito comum também, é apresentar informações em tabelas ou esquemas.

Observe qual foi a previsão do tempo dos dias 21/2 a 27/2 de 2017 para a cidade de Belo Horizonte.

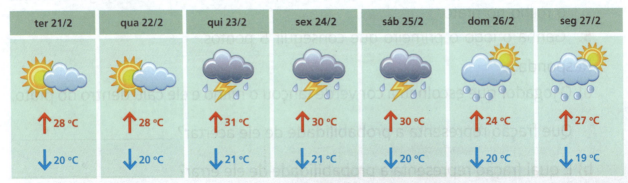

Fonte dos dados: Instituto Nacional de Meteorologia. Disponível em: <http://www.inmet.gov.br/portal/index.php?r=tempo2/previsaoPorTipo2&type=capitais>. Acesso em: abr. 2019.

Comente com os colegas suas interpretações dos seguintes símbolos:

Observando a tabela acima, responda:

◆ Em que dia era esperada a maior temperatura?

_____

◆ E em qual dia se esperava a menor temperatura?

_____

Essa tabela do clima é um pouco diferente de outras tabelas que você já deve ter visto. Entretanto, ela cumpre a função de organizar as informações, pois não houve necessidade de se escrever um texto grande para explicá-las. É claro que, quanto mais lermos, mais saberemos interpretar as informações, você não acha?

Há um tipo de gráfico muito interessante denominado **gráfico de setores**. Algumas pessoas o chamam gráfico de *pizza*, por causa de sua forma.

O gráfico de setores é um círculo dividido em partes a partir do centro. O tamanho de cada parte depende da quantidade que ela representa.

Exemplo:

Imagine que 200 alunos de uma escola participaram de uma pesquisa. Eles tinham de responder a uma pergunta e escolher uma resposta entre três:

Qual é sua matéria escolar preferida?

☐ Língua Portuguesa.   ☐ Matemática.   ☐ Outra matéria.

Depois de todos os alunos responderem, o autor da pesquisa elaborou este gráfico:

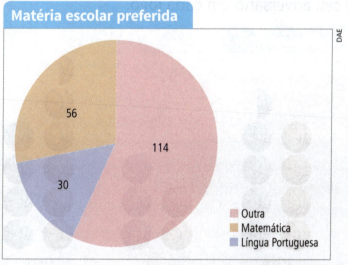

Fonte: Pesquisa realizada na escola.

◆ Note que no gráfico foram escritas as quantidades de alunos que escolheram cada resposta. Mesmo que esses números não estivessem no gráfico, pelo tamanho das partes coloridas, o que você poderia concluir da pesquisa?

_____

_____

_____

1 Organize uma tabela no caderno. Escreva nela a previsão das temperaturas mínima e máxima para sua cidade nos próximos sete dias. Siga as orientações do professor sobre como pesquisar as temperaturas. Depois, anote no caderno as temperaturas máxima e mínima previstas nesses dias.

2 Veja na tabela a seguir a quantidade de pontos conquistados pela equipe de basquete da escola de Tomás em 5 jogos contra outros times da cidade.

Jogo	1º	2º	3º	4º	5º
Número de pontos	24	32	16	44	24

a) Em quais jogos o time da escola de Tomás ganhou? _____

b) A equipe fez pelo menos 20 pontos em cada partida. Você concorda? _____

3 No gráfico abaixo foram representados os pontos do time da escola de Tomás e também os de seu adversário em cada jogo.

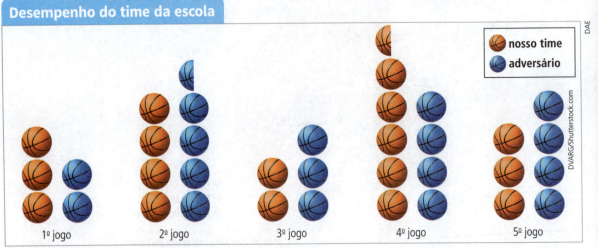

Fonte: Escola de Tomás.

a) Quantos jogos o time da escola ganhou? _____

b) Se a equipe da escola venceu o 1º jogo por 24 a 16, qual foi o resultado do 4º jogo? _____

c) Uma bolinha do gráfico corresponde a quantos pontos? E metade dela indica qual pontuação?

_____

4 A diretora consultou 20 meninos e 20 meninas e pediu a eles que escolhessem o que consideravam mais importante ser reformado na escola entre os seguintes tópicos:

- quadra esportiva;
- banheiros;
- biblioteca;
- calçadas.

Com os dados obtidos foi elaborado o seguinte **gráfico de barras**:

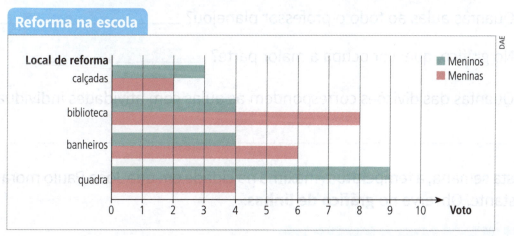

Fonte: Diretoria da escola.

a) Qual é a prioridade de reforma para as meninas? E para o meninos?

_____

b) Utilize os dados do gráfico para completar a tabela a seguir.

	Calçadas	Biblioteca	Banheiros	Quadra	Total
Meninas					
Meninos					
Total					

c) Juntando meninas e meninos, qual foi o local mais votado para a reforma?

_____

d) Você acha que é correto escolher 40 alunos para representar toda a escola?

_____

> Quando o público-alvo de uma pesquisa é muito grande, escolhemos uma parte dele, seguindo alguns critérios, para aplicar a pesquisa. Essa parte do público é chamada de **amostra**.

5 Utilizando as 12 divisões do relógio, o professor mostrou na aula um **gráfico de setores**. No gráfico estavam representados os tipos de aulas que ele planejou para a turma.

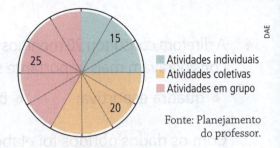

Fonte: Planejamento do professor.

a) Quantas aulas ao todo o professor planejou? _____

b) No gráfico, qual cor ocupa a maior parte? _____

c) Quantas das divisões correspondem às aulas com atividades individuais?
_____

6 Nesta semana, a temperatura máxima na cidade em que João Paulo mora variou bastante. Observe no **gráfico de linhas**:

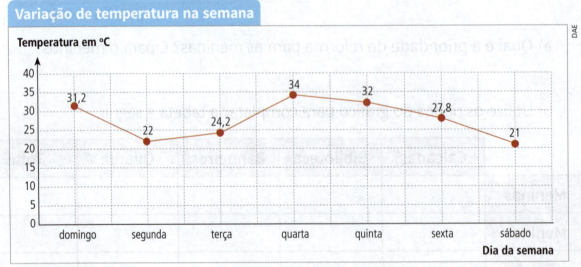

Fonte: Termômetro da cidade onde João Paulo mora.

a) Qual foi a temperatura máxima da semana? Em que dia? _____

b) Observando o gráfico é correto dizer que no domingo seguinte a temperatura será menor do que 21 °C? _____

7 Você e os colegas elaborarão um gráfico de linhas com as temperaturas de cinco dias de uma semana, de segunda a sexta-feira, de acordo com as instruções a seguir.

1. Escolham um mesmo horário para observar a temperatura nesses cinco dias.
2. Anotem as temperaturas em uma tabela.
3. Com essas informações, façam um gráfico de linhas.

Pesquise e organize informações

O Brasil tem um extenso território, é o 5º maior país do mundo. E em nosso país há grande miscigenação; você sabe o que isso significa?

Miscigenação é o resultado da mistura de diferentes etnias na composição da população de um país ou região. Além das centenas de tribos indígenas nativas, recebemos pessoas de todos os continentes que contribuem para a diversidade cultural do país.

Fonte: IBGE. Disponível em: <http://7a12.ibge.gov.br/images/7a12/mapas/Brasil/brasil_grandes_regioes.pdf>. Acesso em: abr. 2019.

Complete a legenda do mapa e responda oralmente:

- Em qual região do país você mora?
- Em qual estado você nasceu?

Essas e outras perguntas costumam ser feitas em pesquisas cujo objetivo é obter informações sobre como somos, quais são nossas origens. Além disso, esse tipo de pesquisa pode ser direcionado para conhecermos também as dificuldades das pessoas, os problemas enfrentados nos locais em que moram etc.

A palavra **pesquisa** está relacionada à ideia de procurar algo, investigar alguma coisa. Observe algumas perguntas que podemos fazer para conhecer melhor as pessoas.

- Quantas pessoas moram em sua casa? Quantos anos cada uma tem? Quantas delas trabalham? Quantas estudam?

    Essas perguntas costumam ser formuladas às pessoas de um município. O resultado possibilita que as autoridades do município conheçam melhor o modo de vida dos habitantes.

- Qual é o canal de TV a que você mais assiste? Qual é seu programa de TV favorito? Em quais horários você vê TV?

    As grandes empresas que fazem propaganda de produtos querem conhecer as preferências das pessoas. Assim, sabem como direcionar melhor a divulgação de seus produtos para venda.

Esses são apenas alguns exemplos de perguntas que podem fazer parte de uma pesquisa.

1 Você pode fazer a pesquisa abaixo sozinho, usando uma moeda.

cara

coroa

Lance uma mesma moeda 20 vezes consecutivamente e anote os resultados obtidos em uma tabela. Elabore a tabela no caderno ou em uma folha de papel.

Depois, responda:

a) Quantas vezes saiu cara? _____

b) Que número de vezes saiu coroa? _____

2 Carla e Paula resolveram pesquisar um assunto na escola fazendo uma pergunta:

Qual é seu passatempo favorito?

As duas meninas fizeram a pergunta a todos os colegas do 4º ano. Assim, à medida que o passatempo era citado, elas registravam as preferências numa folha de papel, com um tracinho:

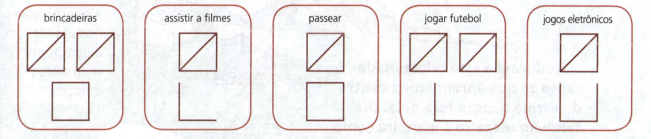

a) Complete com os dados da pesquisa.

Passatempo preferido	Número de votos
brincadeiras	
assistir a filmes	
passear	
jogar futebol	
jogos eletrônicos	

b) Qual foi o número total de colegas de Carla e de Paula que participaram da pesquisa dando opiniões? _____

3 Utilizando um programa de computador, Carla e Paula fizeram o gráfico de setores ao lado.

Com os mesmos dados faça, no caderno, um gráfico de colunas.

Atenção: Não se esqueça do título e da fonte dos dados de seu gráfico.

Fonte: Alunos do 4º ano.

Como eu vejo
A cordialidade

A educação está relacionada tanto ao que aprendemos dentro da escola quanto fora dela. Diz também respeito à maneira como nos dirigimos às pessoas ao nosso redor e como as tratamos.

Observe belas cenas da vida das pessoas!

Sempre é bom ter alguém para nos ajudar a passar por momentos difíceis.

DONA ADELAIDE, DEIXE-ME AJUDÁ-LA A CARREGAR!

Sempre que puder, seja prestativo!

Como eu transformo
Gentileza gera gentileza

 Arte Língua Portuguesa Geografia

O que vamos fazer?
Criar uma campanha para estimular e incentivar a cordialidade entre as pessoas.

Para que fazer?
Para conhecer algumas ações e atitudes que deixam as pessoas felizes.

Com quem fazer?
Com os colegas, o professor e as pessoas da comunidade.

Como fazer?

1. Escute atentamente a história que o professor contará e, em seguida, converse com os colegas sobre as atitudes de cordialidade e gentileza mencionadas nela.

2. Elabore com um colega um roteiro de entrevista que vise descobrir frases e atitudes que as pessoas associam à gentileza e cordialidade.

3. Traga para a sala de aula as informações coletadas nas entrevistas e compartilhe-as com os colegas. Ajude o professor a organizar as informações em uma tabela. O que vocês descobriram?

4. Juntos, criem algumas mensagens que sensibilizem as pessoas para a importância da gentileza e da cordialidade. Essas mensagens serão espalhadas pela escola. Para isso, vocês deverão confeccionar cartazes de diferentes formatos, cores, tipos de letra e desenhos.

5. Procure os lugares da escola onde os cartazes poderão ser vistos pelo maior número de pessoas. Ajude o professor a afixá-los e acompanhe a reação das pessoas ao vê-los.

Você costuma ser gentil e cordial com as pessoas? Por quê?

Mãos na massa

Agora que você já estudou como fazer uma pesquisa, como organizar os dados e como exibi-los por meio de gráficos, nas atividades a seguir você colocará em prática esse estudo.

1 Faça uma pesquisa com 5 pessoas que moram com você ou perto de sua casa – neste caso, você deve ir acompanhado de seu responsável. Para cada uma delas você fará uma pergunta e a pessoa deverá escolher apenas uma das respostas indicadas.

Pesquisa:

Qual deve ser a maior preocupação das autoridades em sua cidade?

  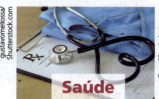 

Educação ☐   Emprego ☐   Saúde ☐   Segurança ☐

2 Como cada aluno pesquisou 5 pessoas, agora vamos organizar as informações coletadas de toda a turma. Cada aluno, na sua vez, deve informar os resultados de sua pesquisa. Para cada item escolhido será feito um tracinho na lousa. Ao final, complete com os dados coletados.

Item	Quantidade
educação	
emprego	
saúde	
segurança	

a) Qual foi o item mais escolhido? _____

b) Qual item você escolheria? _____

3 Utilizando os dados obtidos na pesquisa da atividade anterior, junte-se a quatro colegas para fazer um gráfico com as informações obtidas. Escolha um dos seguintes tipos de gráficos:

Colunas   Barras

Revendo o que aprendi

1 Se lançarmos um dado e uma moeda, quais resultados podem ocorrer?

◆ Para responder a essa pergunta, complete a tabela de dupla entrada abaixo.

	Face 1	Face 2	Face 3	Face 4	Face 5	Face 6
Cara (Ca)						
Coroa (Co)						

2 Observando a tabela da atividade anterior, qual é a probabilidade de sair a face 2 no dado e a face cara na moeda? _____

3 Juliana observou as possibilidades de fazer o pagamento de uma dívida de 50 reais utilizando notas de 10 reais, 20 reais e 50 reais. Observe o quadro que ela elaborou:

50 reais	1	–	–	–
10 reais	–	5	3	1
20 reais	–	–	1	2

a) Quais são essas possibilidades? _____

b) Em qual dessas possibilidades utilizamos o maior número de notas?

4 De quantas maneiras diferentes podemos formar 30 reais utilizando somente as cédulas a seguir?

Elabore um quadro como na atividade anterior para responder.

5 Na escola de Jocimar, a professora de Educação Física dá duas opções de atividades coletivas durante suas aulas: vôlei ou basquete. O gráfico ao lado apresenta o levantamento das escolhas que os alunos fizeram.

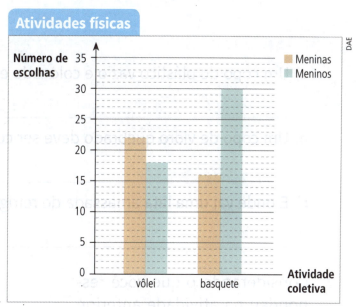

Fonte: Escola em que Jocimar estuda.

a) Complete a tabela com os dados do gráfico acima:

	Meninas	Meninos	Total
Vôlei			
Basquete			
Total			

b) Responda:

◆ Qual foi a modalidade esportiva mais escolhida pelas meninas? _____

◆ Quantos alunos participaram desse levantamento? _____

6 A fotografia ao lado retrata uma realidade que as pessoas não gostam de ver, mas muitas vezes são responsáveis por ela.

Atualmente os meios de comunicação falam bastante a respeito do meio ambiente. Muitas são as preocupações sobre o lixo que produzimos e a forma errada de descartá-lo.

Assim, foram desenvolvidos coletores coloridos para que possamos destinar corretamente o lixo. Observe a imagem ao lado e responda às questões.

a) Um copo de plástico vazio é colocado em qual recipiente?
___

b) Um copo de vidro quebrado deve ser colocado em qual coletor?
___

c) E onde vai uma lata amassada de refrigerante?
___

7 Considerando o que você respondeu na atividade anterior, você acha que todas as pessoas sabem destinar o lixo corretamente? Provavelmente você concorda que muitos não fazem isso de forma adequada. Que tal realizar uma pesquisa para descobrir?

- Junte-se a três ou quatro colegas e formem um grupo. Vocês devem elaborar duas perguntas para uma pesquisa.
- Em seguida, as perguntas de todos os grupos devem ser discutidas com o resto da turma e vocês escolherão duas delas para utilizar na pesquisa.

8 Várias perguntas foram feitas aos alunos de uma turma sobre os hábitos deles. Observe nos gráficos as respostas a duas dessas perguntas, citadas a seguir.

- Você prefere tomar banho de manhã ou à noite?
- Quantas vezes você escova os dentes em um dia?

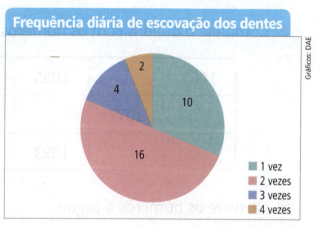

Fonte: Pesquisa realizada na escola.

Escreva uma frase sobre as informações desses dois gráficos.

_____

_____

_____

Desafio

1 Ao iniciar esta unidade, você encontrou um desafio relacionado ao número de quadrados que podiam ser vistos em uma janela quadrada. Você conseguiu encontrar os 30 quadrados? Como você fez? Explique aos colegas.

Vamos a mais um desafio com quadrados.

O quadrado maior da figura está dividido em 16 quadrados médios. Além disso, há outros 8 quadradinhos menores no interior dela.

Quantos quadrados ao todo podem ser encontrados nesta figura?

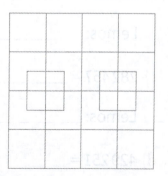

Duzentos e oitenta e cinco **285**

+ **Atividades**

Unidade 1

1. Complete o quadro com os números ímpares de 1061 a 1101.

1061		1065	1067		
	1077			1083	
		1093			1101

2. Observe os números a seguir.

23 966   948 321   682 437

a) Em qual número o algarismo 2 tem o maior valor relativo? E qual é esse valor relativo? _____

b) Em qual número o algarismo 3 tem o menor valor relativo? E qual é esse valor relativo? _____

3. Decomponha os números e escreva como os lemos.

a) 44 672 = _____

Lemos: _____

b) 56 283 = _____

Lemos: _____

c) 282 457 = _____

Lemos: _____

d) 429 251 = _____

Lemos: _____

286 Duzentos e oitenta e seis

4 Faça as adições a seguir.

a)
C	D	U
2	9	5
+4	4	6

c)
C	D	U
3	8	8
+4	9	9

e)
C	D	U
7	7	8
+2	1	9

b)
C	D	U
1	2	3
+6	9	8

d)
C	D	U
4	5	6
+1	8	9

f)
C	D	U
5	7	4
+2	5	6

5 Efetue mentalmente as adições abaixo e escreva os resultados.

a) 3 + 7 = _____

30 + 70 = _____

300 + 700 = _____

3 000 + 7 000 = _____

30 000 + 70 000 = _____

b) 9 + 8 = _____

90 + 80 = _____

900 + 800 = _____

9 000 + 8 000 = _____

90 000 + 80 000 = _____

c) 4 + 11 = _____

40 + 110 = _____

400 + 1 100 = _____

4 000 + 11 000 = _____

40 000 + 110 000 = _____

d) 6 + 5 = _____

60 + 50 = _____

600 + 500 = _____

6 000 + 5 000 = _____

60 000 + 50 000 = _____

6 Ligue os números que somados resultam em 1 000.

120   250   600   990   300

400   880   10   750   700

Duzentos e oitenta e sete **287**

7 Complete as adições utilizando a propriedade associativa.

a)	220 + 50 + 100 = = _____ + 100 = _____	220 + 50 + 100 = = 220 + _____ = _____
b)	315 + 60 + 200 = = _____ + 200 = _____	315 + 60 + 200 = = 315 + _____ = _____
c)	621 + 200 + 9 = = _____ + 9 = _____	621 + 200 + 9 = = 621 + _____ = _____
d)	999 + 1001 + 500 = = _____ + 500 = _____	999 + 1001 + 500 = = 999 + _____ = _____

8 Efetue as subtrações a seguir.

a)
C	D	U
4	9	5
− 2	7	1

b)
C	D	U
6	9	5
− 1	2	9

c)
C	D	U
6	9	4
− 3	4	3

d)
C	D	U
4	3	2
− 1	7	1

e)
UM	C	D	U
4	9	7	7
− 1	5	1	3

f)
UM	C	D	U
2	2	7	4
− 1	5	1	6

9 Resolva cada expressão numérica.

a) 200 − 100 + 50 − 20 =

b) 450 + 20 − 100 + 70 =

c) 620 + 80 − 150 − 20 =

d) 1010 − 100 + 200 + 690 =

Unidade 2

1 Escreva como se lê cada fração.

a) $\dfrac{3}{8}$ → _____

b) $\dfrac{9}{10}$ → _____

c) $\dfrac{25}{100}$ → _____

d) $\dfrac{7}{1000}$ → _____

e) $\dfrac{2}{5}$ → _____

f) $\dfrac{5}{9}$ → _____

2 Pinte as figuras geométricas de acordo com a fração indicada.

a) $\dfrac{5}{6}$

b) $\dfrac{7}{8}$

c) $\dfrac{1}{8}$

d) $\dfrac{1}{4}$

e) $\dfrac{4}{9}$

f) $\dfrac{3}{6}$

g) $\dfrac{4}{4}$

h) $\dfrac{8}{8}$

3 Em cada item, escreva a fração correspondente às partes coloridas.

a) 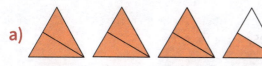 _____

b) 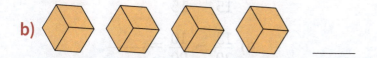 _____

4 Escreva **V** para verdadeiro e **F** para falso.

☐ $\dfrac{1}{6} > \dfrac{2}{6}$ ☐ $\dfrac{3}{8} > \dfrac{3}{5}$

☐ $\dfrac{4}{10} < \dfrac{4}{20}$ ☐ $\dfrac{6}{12} > \dfrac{6}{16}$

5 Complete o que falta para obter frações equivalentes.

a) $\dfrac{1}{6} = \dfrac{}{12} = \dfrac{3}{} = \dfrac{}{30} = \dfrac{7}{} = \dfrac{}{54}$

b) $\dfrac{1}{4} = \dfrac{2}{} = \dfrac{3}{} = \dfrac{4}{} = \dfrac{5}{} = \dfrac{6}{}$

6 Calcule as frações das quantidades.

a) $\dfrac{5}{9}$ de 27 = _____

b) $\dfrac{6}{7}$ de 14 = _____

c) $\dfrac{3}{4}$ de 20 = _____

d) $\dfrac{4}{5}$ de 25 = _____

7 Efetue as adições e subtrações de frações.

a) $\dfrac{7}{10} + \dfrac{5}{10} =$ _____   c) $\dfrac{6}{15} + \dfrac{1}{15} =$ _____

b) $\dfrac{6}{8} - \dfrac{5}{8} =$ _____   d) $\dfrac{13}{20} - \dfrac{10}{20} =$ _____

8 Resolva as situações a seguir.

a) Na sala de aula, havia 20 alunos. O professor pediu a um quinto da turma que ficasse em pé para uma atividade. Quantos alunos ficaram em pé?

_____

b) Quantos quilômetros anda uma pessoa que percorre $\frac{3}{7}$ de 14 km?

_____

9 Para comparar quatro frações, Henrique desenhou quatro círculos, dividiu cada um em partes iguais e coloriu algumas dessas partes. Escreva as frações que Henrique comparou.

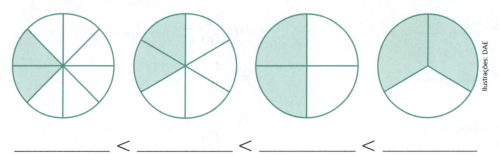

_____ < _____ < _____ < _____

10 O círculo a seguir representa um relógio de 24 horas. Pinte seguindo a legenda.

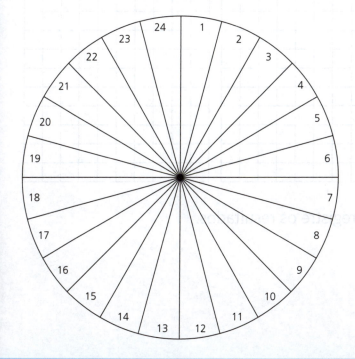

$\frac{1}{4}$ de um dia fico na Escola

$\frac{1}{6}$ de um dia brinco com meus amigos

$\frac{1}{3}$ de um dia passo dormindo

Quantas horas do dia ainda restam?

_____

Unidade 3

1 Faça como no exemplo.

> 8,35 ➡ 8 inteiros e 35 centésimos

a) 9,2 ➡ _____

b) 2,003 ➡ _____

c) 7,115 ➡ _____

d) 10,32 ➡ _____

e) 20,53 ➡ _____

2 Escreva os números decimais correspondentes.

a) $\dfrac{7}{100}$ = _____

b) $\dfrac{81}{100}$ = _____

c) $\dfrac{5}{10}$ = _____

d) $\dfrac{31}{100}$ = _____

e) $\dfrac{4}{10}$ = _____

f) $\dfrac{2}{100}$ = _____

3 Pinte 2 inteiros e 35 centésimos.

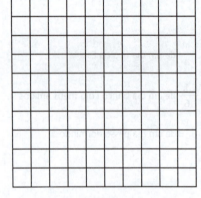
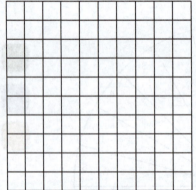
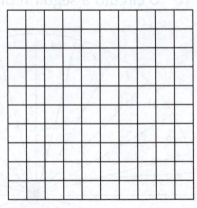

4 Efetue mentalmente as adições e registre os resultados.

a) 0,2 + 0,5 = _____

b) 0,20 + 0,50 = _____

c) 0,02 + 0,05 = _____

d) 0,002 + 0,005 = _____

5 Ligue os números que adicionados resultam em 1 inteiro.

0,2   0,1   0,5   0,4   0,3

0,5   0,6   0,7   0,8   0,9

6 Efetue as subtrações a seguir.

a) 0,99
  − 0,43

b) 2,95
  − 0,33

c) 2,25
  − 1,14

d) 9,29
  − 3,16

7 Complete as quantias em real.

Moedas: Banco Central do Brasil

a) 3 moedas de resultam em R$ _____

b) 5 moedas de resultam em R$ _____

c) 8 moedas de resultam em R$ _____

d) 6 moedas de resultam em R$ _____

8 Complete as lacunas com os resultados das multiplicações e divisões.

a) 25 × 10 = _____

2,5 × 10 = _____

b) 32 × 100 = _____

3,2 × 100 = _____

c) 12 × 1000 = _____

1,2 × 1000 = _____

d) 95 ÷ 10 = _____

95 ÷ 100 = _____

e) 232 ÷ 10 = _____

232 ÷ 100 = _____

f) 815 ÷ 100 = _____

815 ÷ 1000 = _____

9 Resolva:

a) Em uma atividade na sala de aula, cada aluno tinha de desenhar um quadrado e depois medir o perímetro do quadrado (contorno). Júlia fez o quadrado com 3,5 cm de lado e Paulo fez o quadrado com 3,6 cm de lado. Qual é o perímetro de cada quadrado?

_____

b) Marcos precisa de R$ 10,00 para comprar um lanche na cantina da escola. Ele tem R$ 8,20. De quanto ainda precisa?

_____

c) Luana tem 125 cm de altura e Laura, sua irmã, tem 1,32 m de altura. Qual é a diferença entre as alturas dessas duas irmãs?

_____

10 Complete cada sequência e, depois, explique como ela é formada.

a) | 1,5 | 2,6 | 3,7 | | | | |

Explicação: _____

b) | 2,15 | 2,20 | 2,25 | | | | |

Explicação: _____

c) | 8,5 | 8,2 | 7,9 | | | | |

Explicação: _____

d) | 21,15 | 21,10 | 21,05 | | | | |

Explicação: _____

Unidade 4

1 Complete as lacunas.

a) 1 hora tem _____ minutos

b) 1 semana tem _____ dias

c) 1 dia tem _____ horas

d) 1 minuto tem _____ segundos

e) 1 ano tem _____ meses

f) $\frac{1}{2}$ dia tem _____ horas

g) $\frac{1}{2}$ ano tem _____ meses

h) $\frac{1}{2}$ hora tem _____ minutos

2 Ligue as medidas de capacidade iguais.

| 0,5 L | 2,5 L | 3,2 L | $\frac{1}{4}$ de 1 L | 0,6 L |

| 3 200 mL | 250 mL | 500 mL | 600 mL | 2 500 mL |

3 Transforme as medidas nas unidades indicadas.

a) 3 500 g = _____ kg

b) 700 g = _____ kg

c) 500 g = _____ kg

d) 200 g = _____ kg

e) 6,5 kg = _____ g

f) 0,3 kg = _____ g

g) 0,5 km = _____ m

h) 2,5 m = _____ cm

i) 1,8 m = _____ cm

j) 5 200 m = _____ km

k) 300 cm = _____ m

l) 600 m = _____ km

4 Responda às perguntas.

a) Andar 2 km corresponde a andar quantos metros?

_____

b) Se um pacote de arroz tem 6,1 kg de massa, quantos gramas têm a mais que 6 kg?

_____

c) Cinco copos de 200 mL de suco correspondem a quantos litros desse suco?

_____

Duzentos e noventa e cinco **295**

5 Na malha quadriculada a seguir, cada quadradinho tem 0,5 cm de medida de lado. Desenhe o que se pede:

a) um quadrado de 4,5 cm de lado;

b) um retângulo de 6,5 cm por 3,5 cm.

6 Observe na tabela abaixo a massa e a altura de Marina quando nasceu e 3 meses depois.

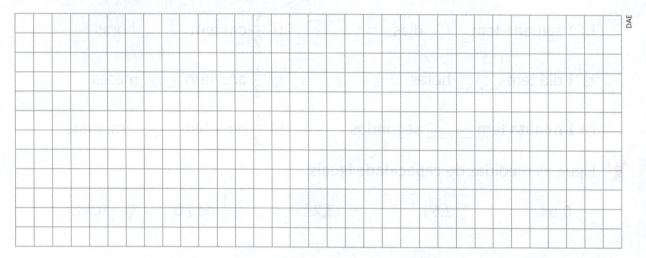

	Massa	Altura
Dia do nascimento	3,450 kg	50,3 cm
Três meses depois	5,600 kg	60 cm

Responda:

a) Qual foi o aumento da massa em 3 meses? _____

b) Qual foi o aumento da altura em 3 meses? _____

7 A capacidade de uma jarra é de 2 litros e cada copo tem capacidade de 250 mL. Se a jarra de suco estiver cheia, pinte quantos copos são necessários para esvaziá-la.

8 Na malha quadriculada a seguir, cada quadradinho tem 1 cm de medida de lado.

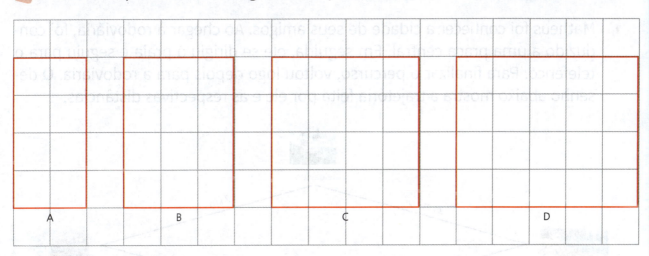

Complete a tabela com as medidas do perímetro e da área de cada retângulo da malha.

Retângulo	A	B	C	D

9 Considere que cada quadradinho da malha quadriculada a seguir tem 1 cm de medida de lado. Desenhe um retângulo que tenha 24 cm² de área.

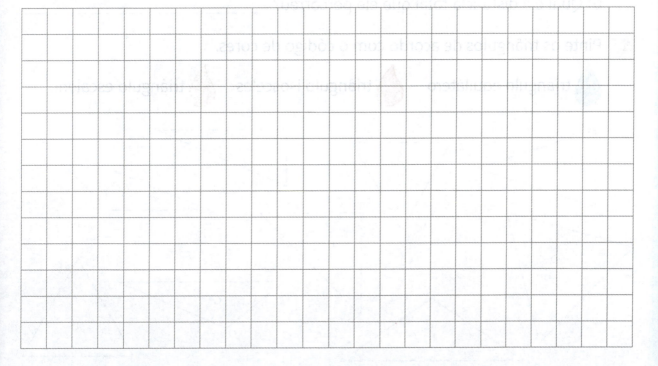

Duzentos e noventa e sete **297**

Unidade 5

1 Matheus foi conhecer a cidade de seus amigos. Ao chegar à rodoviária, foi conduzido a uma praça central. Em seguida, ele se dirigiu à praia e seguiu para o teleférico. Para finalizar o percurso, voltou logo depois para a rodoviária. O desenho abaixo mostra a trajetória feita por ele e as respectivas distâncias.

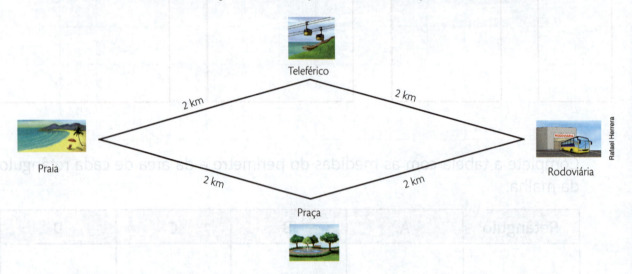

De acordo com a figura, responda às questões.

a) Qual é o nome do quadrilátero que representa o percurso percorrido por Matheus? _____

b) Qual é a distância total que ele percorreu? _____

2 Pinte os triângulos de acordo com o código de cores.

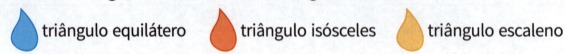

triângulo equilátero   triângulo isósceles   triângulo escaleno

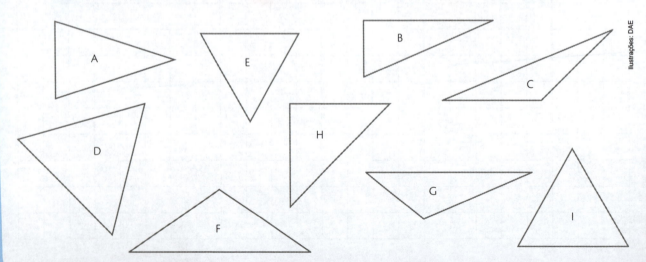

3 A figura a seguir representa a planificação de um sólido geométrico.

Responda:

a) Que sólido geométrico corresponde a esta planificação?

_____

b) Quantas faces, vértices e arestas tem este sólido geométrico?

_____

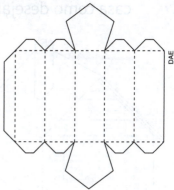

4 Preencha o diagrama de palavras conforme as informações a respeito dos triângulos e dos quadriláteros.

a) Quadrilátero que tem apenas 1 par de lados paralelos.
b) Triângulo que tem os 3 lados com a mesma medida.
c) Quadrilátero que tem os 4 lados de mesma medida e os 4 ângulos retos.
d) Triângulo que tem os 3 lados com medidas diferentes.
e) Quadrilátero que tem os 4 lados de mesma medida.
f) Triângulo que tem 2 lados com a mesma medida.
g) Quadrilátero que tem 2 pares de lados paralelos.

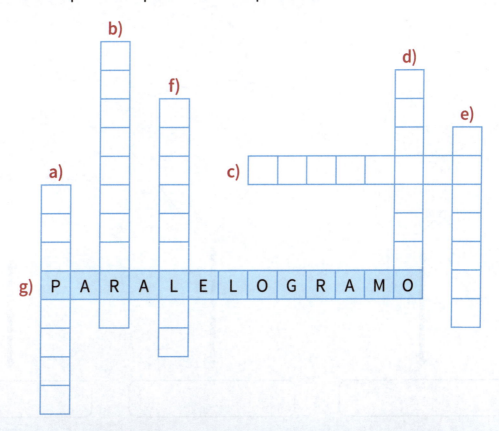

5 O desenho a seguir representa a casa de Pedro e três vistas dela. Pinte a primeira casa como desejar e as vistas dela seguindo as cores indicadas.

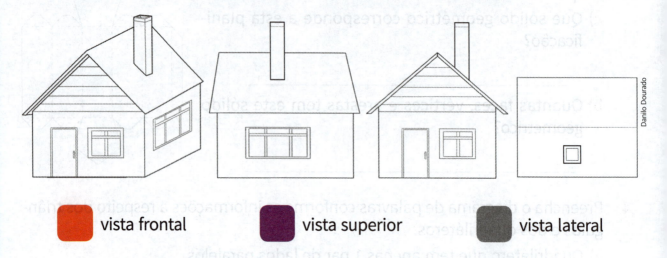

6 Observe a legenda para colorir a planificação das formas geométricas espaciais. Abaixo de cada uma delas, identifique o nome do sólido geométrico correspondente.

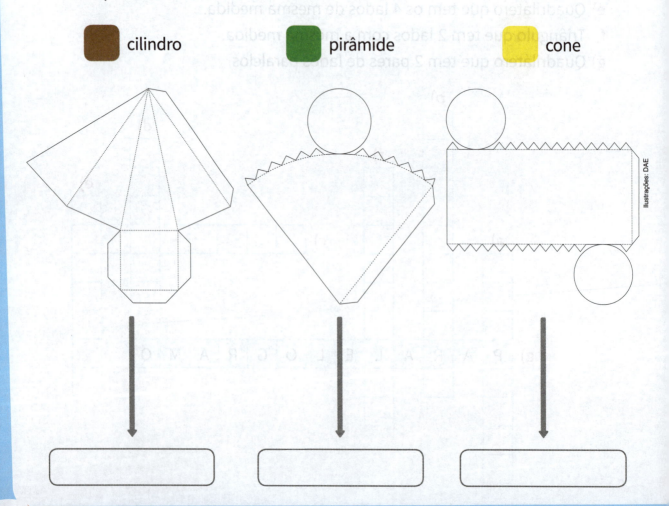

Unidade 6

1 Sem consultar as tabuadas, complete os resultados.

a) 6 × 3 = _____

b) 8 × 2 = _____

c) 7 × 4 = _____

d) 9 × 5 = _____

e) 4 × 6 = _____

f) 2 × 7 = _____

g) 7 × 3 = _____

h) 9 × 2 = _____

i) 8 × 8 = _____

j) 7 × 7 = _____

k) 6 × 6 = _____

l) 9 × 9 = _____

2 Efetue as multiplicações.

a) 612 × 3

b) 475 × 5

c) 311 × 8

d) 425 × 4

e) 813 × 2

f) 322 × 4

g) 716 × 5

h) 222 × 6

i) 252 × 7

3 Complete as lacunas com a quantia pedida e escreva a multiplicação utilizada.

a) 7 cédulas de  são _____ reais ➡ = _____

b) 6 cédulas de  são _____ reais ➡ = _____

c) 5 cédulas de  são _____ reais ➡ = _____

d) 4 cédulas de  são _____ reais ➡ = _____

Imagens: Banco Central do Brasil

4 Complete as multiplicações utilizando a propriedade associativa.

a)	$5 \times (2 \times 5) =$ $= 5 \times \underline{\quad} = \underline{\quad}$	$(5 \times 2) \times 5 =$ $= \underline{\quad} \times 5 = \underline{\quad}$
b)	$6 \times (2 \times 3) =$ $= 6 \times \underline{\quad} = \underline{\quad}$	$(6 \times 2) \times 3 =$ $= \underline{\quad} \times 3 = \underline{\quad}$
c)	$4 \times (1 \times 8) =$ $= 4 \times \underline{\quad} = \underline{\quad}$	$(4 \times 1) \times 8 =$ $= \underline{\quad} \times 8 = \underline{\quad}$
d)	$5 \times (1 \times 9) =$ $= 5 \times \underline{\quad} = \underline{\quad}$	$(5 \times 1) \times 9 =$ $= \underline{\quad} \times 9 = \underline{\quad}$

5 Efetue as multiplicações.

a) $\quad\;\; 34$
$\underline{\times \;\; 16}$

b) $\quad\;\; 93$
$\underline{\times \;\; 25}$

c) $\quad\; 217$
$\underline{\times \;\;\; 42}$

6 Complete cada expressão numérica.

a) $780 - 2 \times 200 + 150 =$

$= 780 - \underline{\quad} + 150 =$

$= \underline{\quad} + 150 = \underline{\quad}$

b) $9\,500 - 2 \times 1\,500 + 600 =$

$= 9\,500 - \underline{\quad} + 600 =$

$= \underline{\quad} + 600 = \underline{\quad}$

c) $35 \times 2 + 152 - 75 =$

$= \underline{\quad} + 152 - 75 =$

$= \underline{\quad} - 75 = \underline{\quad}$

d) $9 \times 11 + 51 - 149 =$

$= \underline{\quad} + 51 - 149 =$

$= \underline{\quad} - 149 = \underline{\quad}$

7 Carlos tem na carteira 7 notas de 100 reais, 8 notas de 20 reais e ainda 9 notas de 5 reais. Qual é a quantia total de Carlos?

8 No supermercado de Renata, os ovos são guardados em embalagens como a da imagem a seguir. Quantos ovos haverá em 15 dessas embalagens?

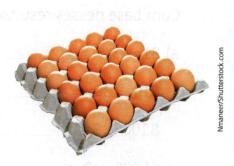

9 Em uma gincana escolar participaram: 9 grupos com 8 alunos da Escola Saber e 7 grupos com 8 alunos da Escola Conhecer. Ao todo, quantos alunos das duas escolas participaram da gincana?

10 Complete as afirmativas fazendo os cálculos mentalmente.

a) 10 dúzias de maçãs correspondem a _____ maçãs.

b) Se em 1 dia há 24 horas, em 20 dias há _____ horas.

c) O quádruplo de 400 kg corresponde a _____ kg.

d) O triplo do dobro de 200 reais é igual a _____ reais.

11 Marcos está com 6 cédulas de mesmo valor no bolso. Quantos reais ele tem?

Unidade 7

1 Considere os resultados das multiplicações:

$$3 \times 27 = 81 \qquad 5 \times 25 = 125$$

Com base nesses resultados, complete as divisões a seguir.

a) $81 \div 3 =$ _____

$810 \div 3 =$ _____

$8\,100 \div 3 =$ _____

$81\,000 \div 3 =$ _____

b) $81 \div 27 =$ _____

$810 \div 27 =$ _____

$8\,100 \div 27 =$ _____

$81\,000 \div 27 =$ _____

c) $125 \div 5 =$ _____

$1\,250 \div 5 =$ _____

$12\,500 \div 5 =$ _____

$125\,000 \div 5 =$ _____

d) $125 \div 25 =$ _____

$1\,250 \div 25 =$ _____

$12\,500 \div 25 =$ _____

$125\,000 \div 25 =$ _____

2 Resolva os problemas.

a) No Dia da Criança, o professor distribuiu 165 chaveirinhos, em quantidades iguais, para os 15 alunos. Quantos chaveirinhos cada aluno ganhou?

b) Usando uma calculadora, Telma multiplicou um número por 6 e obteve o produto 1578. Que número ela multiplicou por 6?

c) Na época da distribuição dos livros didáticos, uma editora organizou 4770 livros em caixas com 90 livros em cada uma. Quantas caixas foram utilizadas?

3 Efetue as divisões a seguir e indique, em cada uma, o quociente e o resto obtido.

a) 1278 | 9

Quociente: _____

Resto: _____

c) 9875 | 11

Quociente: _____

Resto: _____

b) 60279 | 12

Quociente: _____

Resto: _____

d) 123456 | 22

Quociente: _____

Resto: _____

4 Responda às questões.

a) Quando dividimos um número por 12, qual é o maior resto possível?

_____

b) Quais são os restos possíveis da divisão de um número por 4?

_____

5 Fábio fez uma retirada de R$ 1.060,00 em um caixa eletrônico. Ele optou por receber essa quantia em notas de 20 reais. Quantas notas ele recebeu?

6 Você irá calcular mentalmente e colorir. Siga as instruções.

a) Escolha quatro cores diferentes e pinte cada quadrado com uma cor para criar um código de cores.

b) Cada cor é representada por um número. Esse número é o resultado de uma divisão. Calcule o resultado de cada divisão da figura abaixo.

c) Depois, pinte o espaço de acordo com o código, seguindo a cor do número que corresponde à resposta.

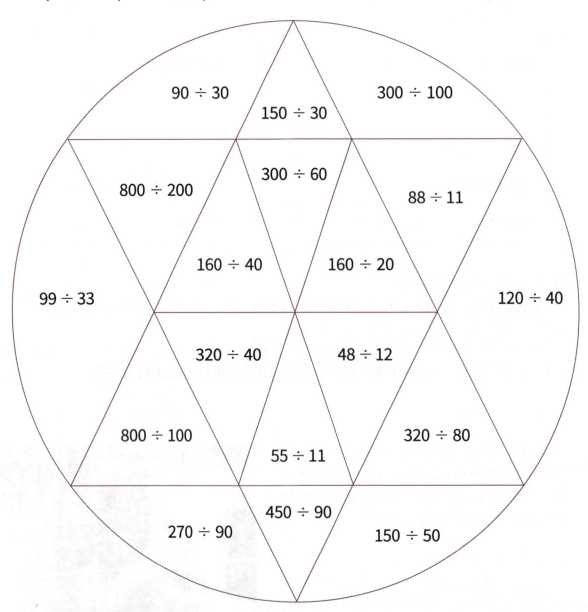

Unidade 8

1 PS são as iniciais do nome Pedro Sérgio. Imagine que um colega novo começou na sua turma e você quer adivinhar as duas letras iniciais do nome dele. Siga as dicas para descobrir.

- Dica 1 – A primeira letra é uma vogal.
- Dica 2 – A segunda letra é uma vogal diferente da primeira.

a) Escreva todas as possibilidades para as iniciais de seu novo colega.

_____

b) Quantas são as possibilidades para a primeira inicial? _____

c) Quantas são as possibilidades para a segunda inicial quando você escolhe a primeira inicial? _____

d) Explique como você pode calcular o número total de possibilidades para as duas vogais sem escrever uma a uma.

_____

2 Responda:

a) Qual é a probabilidade de você, na situação anterior, acertar as iniciais do nome do colega na primeira tentativa? _____

b) E qual é a probabilidade de você não acertar as iniciais do colega na primeira tentativa? _____

3 Observe a foto das novas chaves da casa de Roberta. Apenas uma dessas chaves abre a porta da entrada, mas ela não sabe qual é.

- Qual é a probabilidade de ela escolher uma das chaves e conseguir, na primeira tentativa, abrir a porta de entrada de sua casa?

_____

4 Marta e Cláudio brincam com dois dados coloridos. Eles têm de adicionar os pontos obtidos nos dois dados. Ajude-os a completar a tabela com os resultados possíveis.

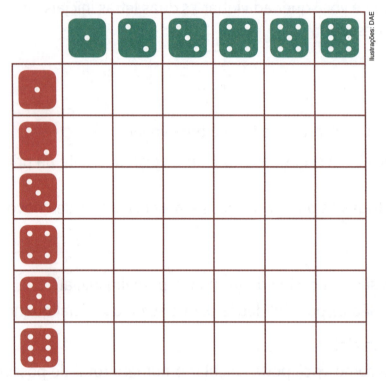

5 Se forem lançados dois dados, a probabilidade de a soma dos pontos obtidos ser:

a) 2 é igual a _____.

b) 3 é igual a _____.

c) 4 é igual a _____.

d) 5 é igual a _____.

e) 6 é igual a _____.

f) 7 é igual a _____.

6 Observe na ilustração um cadeado com segredo numérico. Joana colocou esse cadeado na mala de viagem e não se lembra do último algarismo que abre o segredo. Mas ela lembra dos 3 primeiros algarismos, conforme mostra a imagem ao lado.

Qual é a probabilidade de ela escolher um algarismo e acertar o segredo na primeira tentativa?

_____

7 O gráfico de setores abaixo ilustra a quantidade de votos de 4 candidatos na eleição para prefeito de uma cidade. Complete a legenda ao lado colorindo cada quadrinho de acordo com as cores dos gráficos.

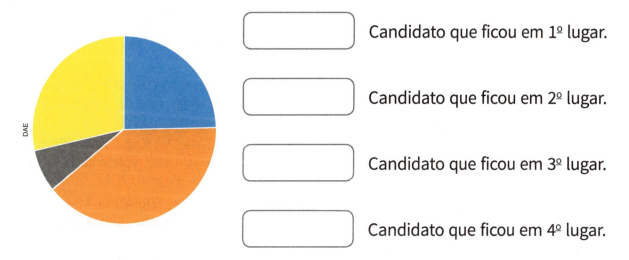

☐ Candidato que ficou em 1º lugar.

☐ Candidato que ficou em 2º lugar.

☐ Candidato que ficou em 3º lugar.

☐ Candidato que ficou em 4º lugar.

8 O gráfico de linhas abaixo representa o faturamento das vendas, em reais, da empresa em que Roberto trabalha.

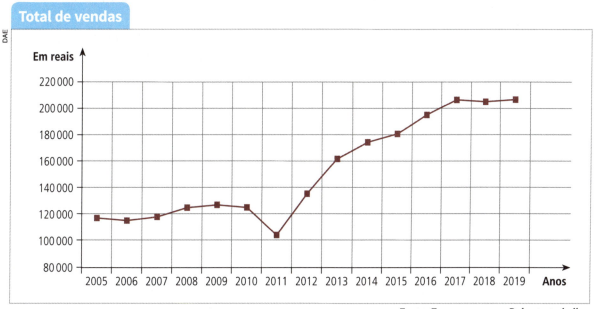

Fonte: Empresa em que Roberto trabalha.

Responda às perguntas com base nas informações do gráfico.

a) Em quais anos o total de vendas ficou abaixo de R$ 140.000,00?

_____

b) Em quais anos o total de vendas ficou acima de R$ 200.000,00?

_____

Referências

BRASIL. MEC. SEB. *Base Nacional Comum Curricular*. Brasília, 2017.

BOYER, Carl B. *História da Matemática*. São Paulo: Edgar Blücher, 1996.

CARRAHER, Terezinha Nunes; SCHLIEMANN, Ana L. D.; CARRAHER, David. *Na vida dez, na escola zero*. São Paulo: Cortez, 2001.

COOL, César; TEBEROSKY, Ana. *Aprendendo Matemática*. São Paulo: Ática, 2000.

D'AMBRÓSIO, Ubiratan. *Educação matemática*: da teoria à prática. 23. ed. Campinas: Papirus, 2013.

D'AMORE, Bruno. *Epistemologia e didática da Matemática*. São Paulo: Escrituras, 2005. (Coleção Ensaios Transversais).

DUHALDE, María Elena; CUBERES, María Teresa Gonzáles. *Encontros iniciais com a Matemática*: contribuição à educação infantil. Porto Alegre: Artmed, 1998.

EVES, Howard. *Introdução à história da Matemática*. Campinas: Editora Unicamp, 1997.

FONSECA, Maria da Conceição F. R. (Org.). *Letramento no Brasil*: habilidades matemáticas. São Paulo: Global; Ação Educativa; Instituto Paulo Montenegro, 2004.

KAMII, Constance. *A criança e o número*. Trad. Regina A. de Assis. 39. ed. Campinas: Papirus, 2013.

MACHADO, Silvia Dias (Org.). *Aprendizagem em Matemática*: registros de representação semiótica. 8. ed. Campinas: Papirus, 2011.

MATOS, José Manuel; SERRAZINA, Maria de Lurdes. *Didáctica da Matemática*. Lisboa: Universidade Aberta, 1996.

NUNES, Therezinha; BRYANT, Peter. *Crianças fazendo matemática*. Porto Alegre: Artmed, 1997.

PANIZZA, Mabel (Org.). *Ensinar Matemática na Educação Infantil e séries iniciais*. 2. ed. Porto Alegre: Artmed, 2006.

TOLEDO, Marília; TOLEDO, Mauro. *Didática de Matemática*: como dois e dois. São Paulo: FTD, 1997.

Encartes

Molde para a atividade 1 da página 173.

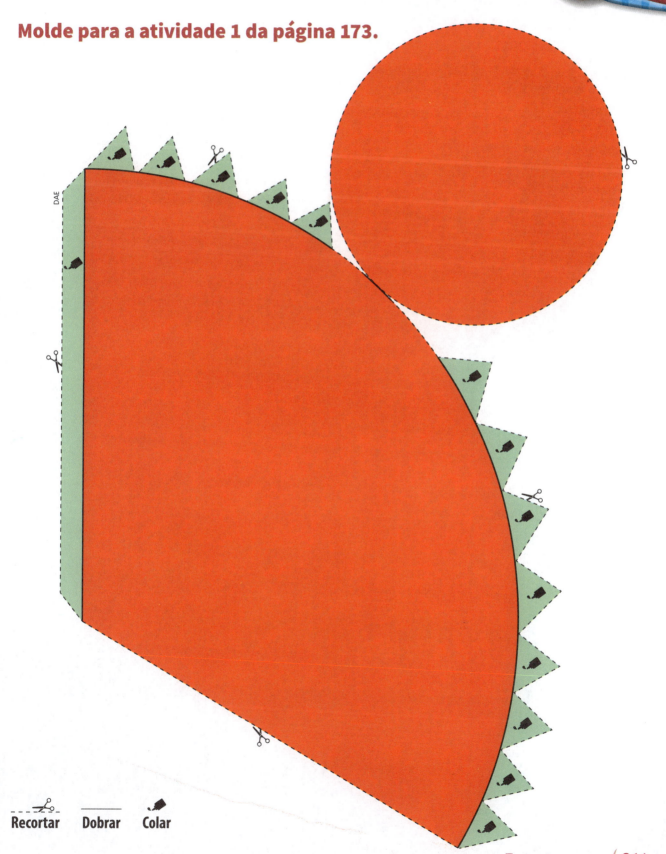

Recortar   Dobrar   Colar

Molde para a atividade 3 da página 174.

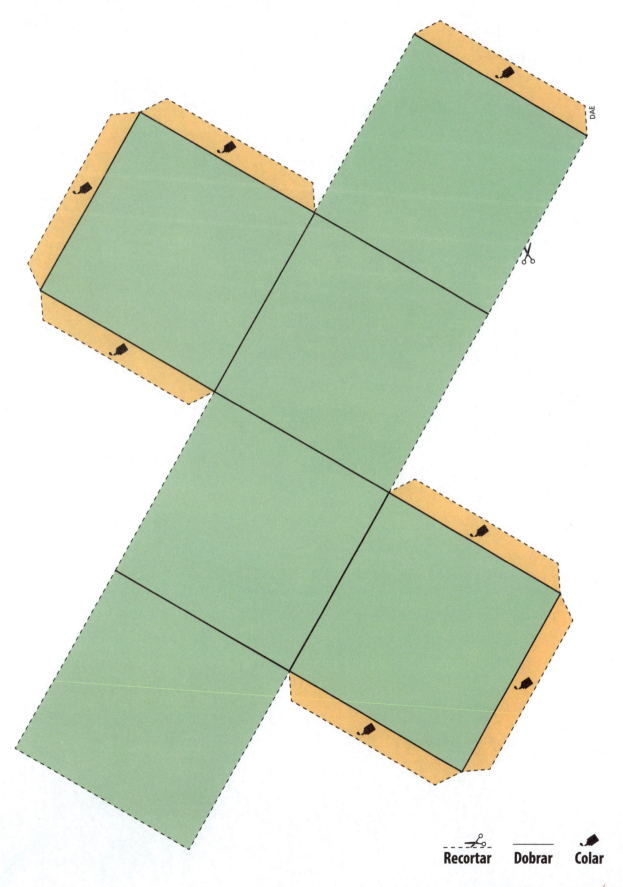

Recortar Dobrar Colar

Molde para a atividade 3 da página 174.

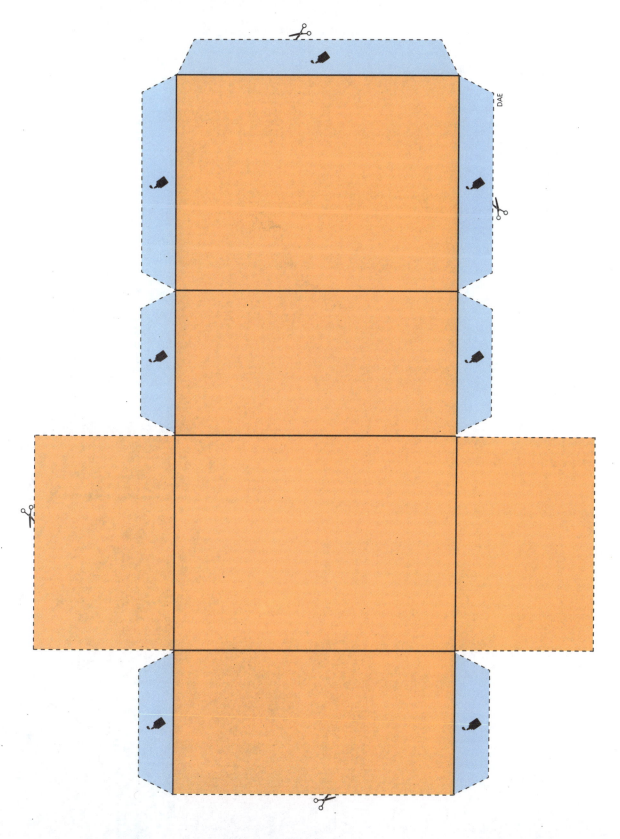

Molde para a atividade 7 da página 176.

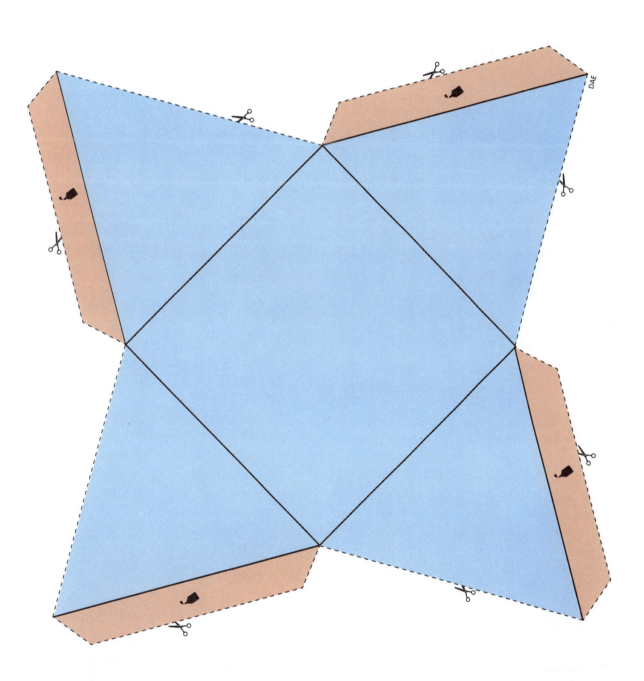

Molde para a atividade 8 da página 176.

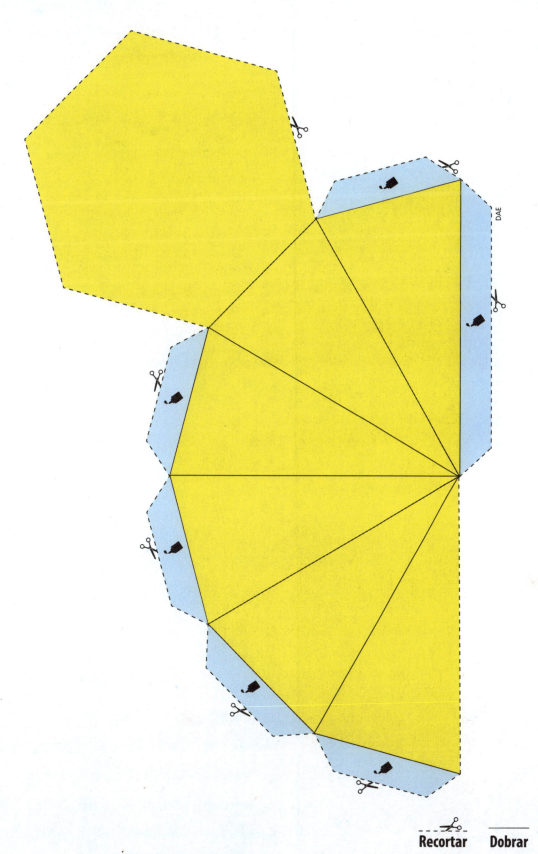